KK

Karteikarten

Langkamp

Schuldrecht BT 1

Kaufrecht/Werkvertragsrecht

12. Auflage 2024

Alpmann Schmidt

Dr. Tobias Langkamp
Rechtsanwalt und Repetitor

Schuldrecht BT 1
Kaufrecht/Werkvertragsrecht

12. Auflage 2024

ISBN: 978-3-86752-924-2

Verlag: Alpmann und Schmidt Juristische Lehrgänge
Verlagsgesellschaft mbH & Co. KG, Münster

Inhaltsverzeichnis (1)

Beispiel Definition Hinweis/Beachte Merke Streit Struktur/Prüfungsaufbau

Inhaltsverzeichnis (2)

Kaufvertrag (1)

Zustandekommen des Kaufvertrags

Für das Zustandekommen des Kaufvertrags ist, wie bei allen Verträgen, eine Einigung der Parteien über die wesentlichen Vertragsbestandteile erforderlich und es dürfen keine Nichtigkeitsgründe eingreifen.

- Einigung über Hauptleistungspflichten: Die Parteien müssen sich darüber einigen, dass ein **Kaufgegenstand** gegen **Zahlung eines Kaufpreises** übertragen werden soll.
- Unmittelbar betrifft **§ 433** nur den **Kauf von Sachen**.

  Sachen i.S.d. Gesetzes sind körperliche Gegenstände. Unter Sachen sind sowohl bewegliche Sachen als auch Grundstücke zu verstehen. Tiere, § 90a, werden, soweit keine Sondervorschriften eingreifen, wie Sachen behandelt.
- Gem. **§ 453 I 1** finden die Vorschriften über den Kauf von Sachen auf den **Kauf von Rechten** und sonstigen Gegenständen entsprechende Anwendung.
- Nach **§ 480** finden auf den **Tausch** die Vorschriften über den Kauf entsprechende Anwendung.
- Gem. **§ 650 I** finden auf einen Vertrag, der die Lieferung herzustellender oder zu erzeugender beweglicher Sachen zum Gegenstand hat, die Vorschriften über den Kauf Anwendung (**Werklieferungsvertrag**).
- Der **Kaufpreis:** Die Kaufpreiszahlung muss grds. in **bar** erfolgen, d.h. durch Übereignung von Geldscheinen und -stücken.

  Die Vereinbarung oder Gestattung bargeldloser Zahlung ist in der Praxis weitestgehend üblich. Eine Gestattung liegt insbes. in der Angabe der Kontonummer auf der Rechnung oder Annahme der Bank-, Geld- oder Kreditkarte. Erfüllung tritt erst mit der Gutschrift auf dem Konto des Verkäufers ein.

Kaufvertrag (2)

Inhalt des Kaufvertrags

Die **Kaufvertragsparteien**: Für den Inhalt der Einigung ist es **nicht von Bedeutung**, ob die Beteiligten als **Unternehmer** (§ 14) **oder Verbraucher** (§ 13) anzusehen sind. In jedem Fall ist eine Einigung über die wesentlichen Vertragsbestandteile (Kaufgegenstand, -preis, Parteien = essentialia negotii) erforderlich.

Für die Rechtsfolgen ist es allerdings entscheidend, wer Kaufvertragspartei ist. Verkauft ein Unternehmer an einen Verbraucher eine Ware, so finden gem. § 474 I 1 die Sonderregeln des Verbrauchsgüterkaufs Anwendung, 🗗 74 ff.

Wirksamkeit des Kaufvertrags

Es dürfen **keine Nichtigkeitsgründe** eingreifen (z.B. §§ 104 ff., 125, 134, 138, 142).

Rechtsfolgen aus dem Kaufvertrag

- Käufer muss den geschuldeten **Kaufpreis**, soweit nicht anders vereinbart, in bar zahlen.
- Verkäufer einer Sache ist verpflichtet, dem Käufer die Sache zu übergeben und ihm das **Eigentum an der Sache zu verschaffen**. Die Sache muss **frei** von **Sach-** und **Rechtsmängeln** sein.
- **Nebenleistungspflichten** ergeben sich aus der Parteivereinbarung oder aus Gesetz, vgl. § 448.
- **Rücksichtnahmepflichten** ergeben sich aus **§ 241 II**. Sie sind nicht selbstständig einklagbar und führen im Falle der Verletzung zu Sekundäransprüchen (insbes. Schadensersatz).

Leistungsstörungen aufseiten des Verkäufers

V kann **nicht** (mehr) **leisten**

Unmöglichkeit

- Vertrag **wirksam** (Klarstellung in § 311a I)
- Anspruch auf Leistung ist ausgeschlossen, **§ 275 I**
- Der Gegenleistungsanspruch geht grds. unter, **§ 326 I 1** (Ausnahmen in § 326 und wenn die Preisgefahr gem. §§ 446, 447 übergegangen ist.)
- Schadensersatz
  - anfängl. Unmöglichkeit, **§ 311a II**
  - nachträgliche Unmöglichkeit, §§ 280 I, III, **283**
- Aufwendungsersatz
  - anfängliche Unmöglichkeit, § 311a II, **284**
  - nachträgliche Unmöglichkeit, §§ 280 I, III, 283, 284
- Rücktrittsrecht, §§ **326 V**, 323
- Herausgabe des Ersatzes, **§ 285 I**

V leistet **nicht rechtzeitig**

- Rücktritt, **§ 323 I**
- Schadensersatz statt der Leistung, §§ 280 I, III, **281**
- Verzögerungsschaden, §§ 280 I, II, **286**; 🗗 SchuldR AT 1

V leistet **mangelhaft**

- Nacherfüllung, **§ 437 Nr. 1**; 🗗 18
- Rücktritt oder Minderung, **§ 437 Nr. 2**; 🗗 25 ff.
- Schadensersatz oder Aufwendungsersatz, **§ 437 Nr. 3**; 🗗 33 ff.

Allgemeine Leistungsstörungen (1)

Leistet der Verkäufer den **Kaufgegenstand überhaupt nicht** oder erbringt eine Partei bei Fälligkeit die geschuldete Leistung – Übertragung des Kaufgegenstands oder Zahlung des Kaufpreises – **verspätet**, dann gelten bei fehlender Vereinbarung die gesetzlichen Regeln des allgemeinen Leistungsstörungsrechts, §§ 275 ff.

⇨ 🗗 SchuldR AT 1

Unmöglichkeit

Anfängliche Unmöglichkeit

Eine anfängliche Unmöglichkeit liegt vor, wenn das Leistungshindernis bereits **bei Vertragsschluss** besteht.

- Auch bei anfänglicher Unmöglichkeit ist der Vertrag wirksam, **§ 311a I** (Klarstellung).
- Anspruch auf die Leistung besteht nicht, **§ 275**.
- Gegenleistungsanspruch beurteilt sich nach **§ 326**.
- Gem. **§ 311a II 1** kann der Gläubiger Schadensersatz statt der Leistung verlangen. Das gilt nicht, wenn der Schuldner bei Vertragsschluss das Leistungshindernis nicht kannte und seine Unkenntnis auch nicht zu vertreten hat (§ 311a II 2). § 311a II 1 ist lex specialis bei anfänglicher Unmöglichkeit.

Nachträgliche Unmöglichkeit

Eine nachträgliche Unmöglichkeit ist gegeben, wenn das Leistungshindernis **nach Vertragsschluss** eintritt.

- Anspruch auf die Leistung besteht nicht, § 275.
- § 326 I 1: Der Anspruch auf die **Gegenleistung geht** grds. **unter**; Ausnahmen von diesem Grundsatz:
  - § 326 I 2: Die Preisgefahr ist übergegangen. Es liegt eine nicht vertragsgemäße Leistung vor. Im **Kaufrecht** enthalten die **§§ 446, 447** eine Sonderregelung für den **Übergang der Preisgefahr**.
  - § 326 III: Gläubiger macht Rechte aus § 285 geltend.

Allgemeine Leistungsstörungen (2)

Regelungen der Preisgefahr in § 446

Die Preisgefahr geht über, wenn

- dem Käufer die **Kaufsache übergeben worden ist** und dann bei ihm die Unmöglichkeit eintritt, **§ 446 S. 1** (Grund: er hat dann die tatsächliche Einwirkungsmöglichkeit auf die Sache), oder
- der Käufer bei Eintritt der Unmöglichkeit in **Annahmeverzug ist, § 446 S. 3**, der Käufer also die angebotene, in vertragsgemäßem Zustand befindliche Sache nicht annimmt (vergleichbare Regelung in § 326 II 1).

Aufbauschema für den Übergang der Preisgefahr nach § 447

I. **Voraussetzung**

1. § 447 muss anwendbar sein. Die Vorschrift **gilt beim Verbrauchsgüterkauf nur sehr eingeschränkt**, vgl. 475 II, III 2.
2. Versendung an einen **anderen Ort** als den **Erfüllungsort**: Erfüllungsort ist der Ort der Vornahme der Leistungshandlung. Dies ist bei fehlender abweichender Vereinbarung der Wohnsitz oder die Niederlassung des Schuldners (§ 269), also des Verkäufers. Nach h.M. ist § 447 anwendbar, wenn ein innerörtlicher Transport erfolgt.
3. Die Versendung muss „**auf Verlangen des Käufers**" erfolgen.
4. Auslieferung der Sache durch den Verkäufer an die **Transportperson**.
5. § 447 erfasst nur den **zufälligen** (also von keiner Partei zu vertretenden) Untergang, da die Vorschrift die Vergütungsgefahr regelt.
6. Außerdem muss sich nach h.M. eine typische Transportgefahr realisieren.

II. **Rechtsfolge**: Mit der Auslieferung der Sache

- geht die **Preisgefahr** auf den Käufer über;
- tritt gem. § 243 II **beim Gattungskauf Konkretisierung** ein, da der Verkäufer das seinerseits Erforderliche getan hat.

Ansprüche des Verkäufers und des Käufers beim Versendungskauf

- Käufer muss den **Kaufpreis** nach **§ 433 II** zahlen.
- Ihm kann eine Einrede aus **§ 320** zustehen, wenn der Verkäufer wegen der Zerstörung der Kaufsache einen Ersatzanspruch gegen die Transportperson erlangt hat. Aus **§ 285** hat der Käufer dazu gegen den Verkäufer einen **Anspruch auf Abtretung des Ersatzanspruchs**, den dieser gegen die Transportperson hat.
  - Der Anspruch kann sich aus **§§ 425, 428 HGB** ergeben, wenn der Verkäufer einen Frachtführer beauftragt hat (i.V.m. § 458 HGB, wenn ein Spediteur tätig geworden ist).
  - Wird der Transport nicht von einer unter § 407 HGB (ggf. i.V.m. § 458 HGB) fallenden Person durchgeführt, so stellt sich das Problem der **Drittschadensliquidation**.

Sachmangel, § 434 (1)

Ist die Kaufsache mit einem **Mangel** (**§§ 434, 435**) behaftet, so hat der Käufer gem. § 437 die folgenden abgestuften Gewährleistungsrechte:

- **Nacherfüllung**, § 437 Nr. 1: Der Nacherfüllungsanspruch, §§ 437 Nr. 1, 439, ist vorrangig vor den anderen Gewährleistungsansprüchen (🗗 18).
- **Rücktritt** oder **Minderung**, § 437 Nr. 2
  Dies setzt eine Fristsetzung bzw. deren Entbehrlichkeit voraus (🗗 26 f., 32).
- **Schadensersatz** oder **Aufwendungsersatz**, § 437 Nr. 3
  Dies setzt zusätzlich ein Verschulden des Verkäufers voraus, wobei dieses vermutet wird, § 280 I 2.

Nach § 434 I ist die Kaufsache frei von Sachmängeln, wenn sie bei Gefahrübergang

- den **subjektiven** Anforderungen,
- den **objektiven** Anforderungen und
- den **Montageanforderungen** entspricht.

⚠ Anders als nach dem bis zum 31.12.2021 geltenden Recht, welches den Vorrang der vereinbarten Beschaffenheit vorsah (vgl. § 434 I 1 a.F.), sieht § 434 I nunmehr einen **Gleichrang** zwischen den subjektiven Anforderungen, den objektiven Anforderungen und den Montageanforderungen vor.

Subjektive Anforderungen

Nach **§ 434 II 1** entspricht die Sache den subjektiven Anforderungen, wenn sie

- die **vereinbarte Beschaffenheit** hat (Nr. 1),
- sich für die nach dem Vertrag **vorausgesetzte Verwendung** eignet (Nr. 2) und
- mit dem vereinbarten **Zubehör und Anleitungen**, einschließlich Montage- und Installationsanleitungen, übergeben wird (Nr. 3)

Sachmangel, § 434 (2)

Vereinbarte Beschaffenheit

Die Parteien müssen hinsichtlich der Beschaffenheit der Sache eine Vereinbarung treffen, vgl. **§ 434 II 1 Nr. 1**. Vereinbart ist eine Beschaffenheit, wenn der Inhalt des Kaufvertrags die Pflicht des Verkäufers enthält, die Sache in dem bestimmten Zustand zu übereignen und zu übergeben.

Beschaffenheitsbegriff

Zur Beschaffenheit zählen alle Merkmale einer Sache,

- die der **Sache selbst anhaften** oder
- sich aus ihrer **Beziehung zur Umwelt** ergeben.

Nach der nicht abschließenden Aufzählung in **§ 434 II 2** gehören zur Beschaffenheit **Art, Menge, Qualität, Funktionalität, Kompatibilität, Interoperabilität** und sonstige von den Parteien vereinbarte Merkmale.

Zu den Merkmalen, die der Sache anhaften, zählen die **physischen Merkmale** der Kaufsache.

Größe, Gewicht, Alter, Herstellungsmaterial, Höchstgeschwindigkeit, Energieverbrauch

Darüber hinaus werden auch die Merkmale einer Sache erfasst, die sich aus ihrer Beziehung zur Umwelt ergeben. Dies gilt jedenfalls für alle Beziehungen der Sache zur Umwelt, die nach der Verkehrsauffassung **Einfluss auf** die **Wertschätzung** der Sache haben.

Die Lage eines Grundstücks am See gehört nicht zur physischen Beschaffenheit des Grundstücks, da dieses nur der katastermäßig vermessene Teil der Erdoberfläche ist. Die Seelage ist aber eine Umweltbeziehung, die in der Sache selbst ihren Grund hat, weil das Grundstück unverrückbar direkt an den See grenzt.

Sachmangel, § 434 (3)

Vereinbarung der Beschaffenheit

Für eine Beschaffenheitsvereinbarung genügen auch **konkludente Erklärungen**, wenn etwa der Käufer dem Verkäufer bestimmte Anforderungen an den Kaufgegenstand zur Kenntnis bringt und dieser dann zustimmt. Gleiches gilt, wenn der Verkäufer die Sache bei Vertragsabschluss in einer bestimmten Weise beschreibt und der Käufer vor diesem Hintergrund seine Kaufentscheidung trifft.

Hingegen liegt keine Beschaffenheitsvereinbarung vor, wenn der Verkäufer sich nur auf **Aussagen eines Dritten** bezieht und erkennbar keine eigene Verpflichtung übernehmen will.

An das Vorliegen einer Beschaffenheitsvereinbarung sind stets **strenge Anforderungen** zu stellen; sie kommt nicht im Zweifel, sondern nur in eindeutigen Fällen in Betracht.

Verwendet der Verkäufer zur Beschreibung des Kaufgegenstands bestimmte Begriffe, **so ist durch Auslegung zu ermitteln, welchen Inhalt die Beschaffenheitsangabe hat**.

Vereinbarung „HU neu“ beinhaltet stillschweigende Vereinbarung, dass sich das verkaufte Fahrzeug in einem für die Hauptuntersuchung geeigneten, verkehrssicheren Zustand befindet und die Hauptuntersuchung durchgeführt ist.

Vertraglich vorausgesetzte Verwendung

Außerdem muss sich die Sache gem. **§ 434 II 1 Nr. 2** für die nach dem Vertrag vorausgesetzte Verwendung eignen. Durch die Bezugnahme auf den Vertrag wird deutlich, dass die vorausgesetzte Verwendung **Gegenstand einer vertraglichen Einigung** sein muss. Die Verwendung ist dabei der Zweck, für den die Kaufsache eingesetzt werden soll.

Sachmangel, § 434 (4)

Vertraglich vorausgesetzte Verwendung (Fortsetzung)

Ohne vertraglich vereinbart zu sein, ist die Verwendung dann vertraglich vorausgesetzt, wenn sie von beiden Parteien **übereinstimmend unterstellt** wird. Bei der Ermittlung der Verwendung sind neben dem Vertragsinhalt die Gesamtumstände des Vertragsabschlusses heranzuziehen. Dabei genügt es, dass der Käufer den **Verwendungszweck erkennen lässt** und der Verkäufer (auch konkludent) zustimmt.

V verkauft K eine Immobilie als Wohnhaus. Der Umstand, dass sich das Haus mangels Tragkraft des Bodens nicht als Lagerraum eignet, begründet deshalb keinen Mangel i.S.d. § 434 II 1 Nr. 2.

Nicht zur vertraglich vorausgesetzten Verwendung gehören jedenfalls **einseitige Vorstellungen des Käufers**.

Mit dem Merkmal der nach dem Vertrag vorausgesetzten Verwendung zielt die Vorschrift nämlich **nicht auf konkrete Eigenschaften** der Kaufsache ab, die sich der Käufer vorstellt, **sondern** darauf, ob die Sache für die dem Verkäufer **erkennbare Verwendung** (Nutzungsart) durch den Käufer geeignet ist.

K kauft eine Maschine zur Verpackung von Vogelfutter und geht dabei erkennbar von einer bestimmten Produktionsgeschwindigkeit aus.

Vereinbartes Zubehör und vereinbarte Anleitungen

Gem. **§ 434 II 1 Nr. 3** muss die Kaufsache mit dem vereinbarten Zubehör und den vereinbarten Anleitungen, einschließlich **Montage- und Installationsanleitungen**, übergeben werden.

Bestellt die B bei A einen Drucker mit Kabel, so liegt ein Mangel gem. § 434 II 1 Nr. 3 vor, wenn A den Drucker ohne das Kabel liefert. Es würde grds. auch bereits ein Mangel gem. § 434 II 1 Nr. 1 vorliegen. Das nicht gelieferte Kabel fällt aber als fehlendes Zubehör unter den insoweit spezielleren § 434 II 1 Nr. 3.

Objektive Anforderungen

Die objektiven Anforderungen an die Kaufsache, die – außer in den Fällen einer formwirksamen negativen Beschaffenheitsvereinbarung – **zusätzlich** zu den subjektiven Anforderungen erfüllt sein müssen, regelt § 434 III. Demnach muss sich die Sache für die

- **gewöhnliche Verwendung** eignen (§ 434 III 1 **Nr. 1**),
- eine Beschaffenheit aufweisen, die bei Sachen **derselben Art üblich** ist und die der **Käufer erwarten kann** (§ 434 III 1 **Nr. 2**),
- der Beschaffenheit einer vom Verkäufer vor Vertragsschluss zur Verfügung gestellten Probe oder eines **entsprechenden Musters** entsprechen (§ 434 III 1 **Nr. 3**) und
- mit dem **Zubehör einschließlich Verpackung**, Montage- und Installationsanleitungen sowie anderen **Anleitungen** übergeben werden, deren Erhalt der Käufer erwarten kann (§ 434 III 1 **Nr. 4**).

⚠ Der Gesetzestext definiert positiv, wann die Kaufsache den objektiven Anforderungen entspricht. Das ist der Fall, wenn die Voraussetzungen nach den Nr. 1–4 vorliegen. Eine **Abweichung** von den objektiven Anforderungen liegt indes bereits dann vor, **wenn eine** der vier Voraussetzungen **fehlt**.

Eignung zur gewöhnlichen Verwendung

Nach **§ 434 III 1 Nr. 1** ist die Kaufsache mangelhaft, wenn sie sich nicht zur gewöhnlichen Verwendung eignet. Das ist insbes. dann der Fall, wenn die Sache zum Weiterverkauf bestimmt ist und dieser unmöglich oder erschwert ist. Dabei kann auch ein mit zumutbaren Mitteln nicht auszuräumender Verdacht der Mangelhaftigkeit ausreichen.

Eignung zur gewöhnlichen Verwendung (Fortsetzung)

Maßstab für die gewöhnliche Verwendung ist die **Verkehrsanschauung unter Berücksichtigung des Erwartungshorizonts eines vernünftigen Durchschnittskäufers**. Die Tauglichkeit der Sache muss nicht aufgehoben sein, es genügt, dass die Eignung herabgesetzt ist.

Übliche Beschaffenheit, die Käufer erwarten darf

Die Sache ist gem. **§ 434 III 1 Nr. 2** auch dann mangelhaft, wenn sie nicht die übliche Beschaffenheit aufweist, die der Käufer nach der Art der Sache erwarten kann.

Übliche Beschaffenheit

Zur üblichen Beschaffenheit der Sache gehören gem. **§ 434 III 2** Menge, Qualität und sonstige Merkmale einschließlich von Funktionalität, Kompatibilität und Sicherheit.

Die übliche Beschaffenheit richtet sich nach den berechtigten Erwartungen eines objektiven Durchschnittskäufers. Vergleichsmaßstab für die übliche Beschaffenheit ist die übliche Beschaffenheit bei Sachen gleicher Art (**Normalbeschaffenheit**).

- Beim Gebrauchtwagenkauf umfasst die übliche Beschaffenheit, dass das Fahrzeug keine Unfallschäden erlitten hat, die über Bagatellschäden hinausgehen.
- Der Käufer eines Pferdes kann deshalb redlicherweise nicht erwarten, dass er auch ohne besondere (Beschaffenheits-) Vereinbarung ein Tier mit „idealen“ Anlagen erhält.

Sachmangel, § 434 (7)

Übliche Beschaffenheit (Fortsetzung)

Ausdrücklich erwähnt wird in § 434 III 2 auch die legitime Erwartung des Käufers an die **Haltbarkeit der Sache**. Dieser Begriff ist als die Fähigkeit der Sache zu verstehen, ihre erforderlichen Funktionen und ihre Leistung bei normaler Verwendung zu behalten. Demnach hat der Verkäufer dafür einzustehen, dass die Sache zum Zeitpunkt des Gefahrübergangs die Fähigkeit hat, ihre erforderlichen Funktionen und ihre Leistung bei normaler Verwendung zu behalten, wobei der Begriff der Haltbarkeit auch die Möglichkeit der Wartung und Reparatur der Kaufsache erfasst.

Erwartung des Käufers

Die Erwartung des Käufers bestimmt sich nach der Art der Sache (§ 434 III 1 Nr. 2a) und den vor allem in der Werbung oder auf dem Etikett vom Verkäufer oder einem anderen Glied in der Vertragskette (🔎 Hersteller) oder in deren Auftrag (🔎 Werbeagentur) abgegebenen **öffentlichen Äußerungen** (§ 434 III 1 Nr. 2b). Für das Kriterium der Öffentlichkeit ist erforderlich, dass die Äußerung an eine **unbestimmte Vielzahl** von Personen gerichtet ist.

🔎 Plakatwerbung, Werbeprospekte, Fernsehspots, Internetwerbung oder auch Werbung auf Instagram und in anderen sozialen Medien

Außerdem muss der Kaufsache eine **bestimmte Eigenschaft** zugesprochen werden. Das ist dann der Fall, wenn es sich bei der Äußerung um nachprüfbare Tatsachen handelt. Bloße Anpreisungen genügen hingegen nicht.

🔎 Der Satz „Red Bull verleiht Flügel“ ist keine Eigenschaftsangabe, sondern stellt eine allgemeine Anpreisung dar.

Die übliche Beschaffenheit wird dann nicht durch öffentliche Äußerungen bestimmt, wenn einer der drei **Ausschlussgründe** des **§ 434 III 3** gegeben ist.

Sachmangel, § 434 (8)

Probe oder Muster

Gem. **§ 434 III 1 Nr. 3** gehört zu den objektiven Anforderungen ferner, dass die Kaufsache der Beschaffenheit einer Probe oder eines Musters entspricht, die oder das der Verkäufer dem Käufer **vor Vertragsschluss** zur Verfügung gestellt hat.

Zubehör einschließlich Verpackung und Anleitungen

Schließlich muss die Kaufsache gem. **§ 434 III 1 Nr. 4** mit dem Zubehör einschließlich Verpackung, Montage und Installationsanleitungen sowie anderen Anleitungen übergeben werden, deren Erhalt der Käufer **vernünftigerweise erwarten** kann.

Andere Anleitungen sind etwa Bedienungsanleitungen oder Gebrauchsanweisungen

In Bezug auf die Erwartung des Käufers ist hier auch **§ 311c** zu beachten, demzufolge das **Zubehör** einer Sache **im Zweifel mitverkauft** wird.

Mit der Regelung des § 434 III 1 Nr. 4 haben sich die **Meinungsstreitigkeiten**, ob § 434 II 2 a.F. (sog. IKEA-Klausel) auch auf das gänzliche Fehlen einer Montageanleitung anwendbar war, und die Frage, ob auch Bedienungsanleitungen erfasst werden, **erledigt**.

Sachmangel, § 434 (9)

Montageanforderungen

Aus **§ 434 IV** ergeben sich zwei Varianten, in denen ein Mangel vorliegen kann.

Unsachgemäße Montage

Voraussetzung des **§ 434 IV Nr. 1** ist eine Montageverpflichtung des Verkäufers, die aber nicht den Schwerpunkt des Vertrages bildet, da sonst ein Werkvertrag vorliegt.

K kauft bei Möbelhändler V Badezimmerschränke, die dieser auch anbringen soll.

Der Begriff Montage erfasst **nicht nur** den **Zusammenbau** der Kaufsache, sondern auch das Anbringen, Anschließen und Verbinden der Kaufsache mit Gegenständen des Käufers.

Mangelhafte Montageanleitung

Aus **§ 434 IV Nr. 2** folgt, dass ein Sachmangel auch dann vorliegt, wenn eine Montage durchzuführen ist und die Montageanleitung mangelhaft ist. Eine Montage ist durchzuführen, wenn für den **bestimmungsgemäßen Gebrauch** der Zusammenbau der Einzelteile oder ein Anschluss oder Einbau notwendig ist. Die Montageanleitung muss den Käufer in die Lage versetzen, die Kaufsache **ohne größere Schwierigkeiten** zusammenzubauen, was sich nach den Erwartungen eines durchschnittlichen Käufers bemisst.

Sachmangel, § 434 (10)

Aliud-Lieferung

Einem Mangel der Kaufsache steht es gem. **§ 434 V** gleich, wenn der Verkäufer eine andere Sache (aliud) als die vertraglich geschuldete Sache liefert.

Die J bestellt bei A eine rote Hose, ihr wird jedoch eine schwarze Hose geliefert.

Die Annahme einer Aliud-Lieferung setzt voraus, dass die andere Sache in **Erfüllung des Kaufvertrags** geliefert wird. Dazu muss eine entsprechende **Tilgungsbestimmung** des Verkäufers vorliegen, die nach dem objektiven Empfängerhorizont des Käufers zu beurteilen ist. Der Käufer muss davon ausgehen können, dass der Verkäufer mit dieser Leistung den Kaufvertrag erfüllen will. Liegt indes aus Sicht des Käufers erkennbar eine Verwechslung vor, kann die erbrachte Leistung nicht einer mangelhaften gleichstehen.

Nach h.M. gilt § 434 V nicht nur für den Gattungskauf (Qualifikationsaliud), sondern **auch** für den **Stückkauf** (Identitätsaliud).

Umstritten ist, ob § 434 V auch bei **krassen Abweichungen** gilt (Gänse statt Karpfen). Für eine Anwendung auch bei Extremabweichungen spricht, dass sich im Gesetz keinerlei Anhaltspunkte für eine Differenzierung finden lassen. Bei Extremabweichungen wird indes regelmäßig keine auf Erfüllung des Vertrags gerichtete Tilgungsbestimmung vorliegen.

Schließlich wird auch die Lieferung einer **höherwertigen Sache** von § 434 V erfasst (h.M.).

Rechtsmangel, § 435

Privatrechtliche Rechte Dritter			Öffentlich-rechtliche Beschränkungen	
Dingliche Belastung der Kaufsache, z.B. Hypothek, Grundschuld, auch Auflassungsvormerkung, obwohl kein dingliches Recht Eine nicht bestehende Buchbelastung steht einem Rechtsmangel gleich, § 435 S. 2.	**Obligatorische Rechte**, soweit sie einem **Dritten** den **berechtigten Besitz** verschaffen Das verkaufte Grundstück ist vermietet. Nach § 566 hat der Mieter ein Recht zum Besitz.	**Immaterialgüterrechte** (Patente, Geschmacksmuster, Gebrauchsmuster, Markenrechte, allgemeines Persönlichkeitsrecht)	Sondervorschrift für **öffentlich-rechtliche Lasten** an Grundstücken, § 436	Öffentlich-rechtliche Beschränkungen, die nicht auf der Beschaffenheit der Sache beruhen, sondern die auf **andere Umstände** Bezug nehmen

Die Unterscheidung zwischen **Sach- und Rechtsmangel bei öffentlich-rechtlichen Beschränkungen** ist problematisch. Die Abgrenzung richtet sich nach folgenden Grundsätzen:

- Als Sachmangel kommen nur solche Rechtsbeziehungen infrage, die auf der **besonderen Beschaffenheit** der Kaufsache beruhen und in dieser ihre Ursache haben.
- Öffentlich-rechtliche Beschränkungen, die auf **bauordnungs- oder bauplanungsrechtlichen Bestimmungen** beruhen und die Benutzbarkeit regeln, sind als Sachmängel anzusehen.
- Berechtigen öffentlich-rechtliche Beschränkungen zum **Entzug des Eigentums bzw. Besitzes**, liegt grds. ein Rechtsmangel vor.

In der Praxis hat die Abgrenzung kaum Bedeutung, da das Gesetz die Sach- und Rechtsmängel weitgehend gleich behandelt.

Nacherfüllungsanspruch, §§ 437 Nr. 1, 439

Im Vordergrund der kaufrechtlichen Gewährleistungsrechte steht der **Nacherfüllungsanspruch** gem. § 437 Nr. 1. Die weiteren Rechte des Käufers – Rücktritt oder Minderung und Schadensersatz oder Aufwendungsersatz – kann er grds. erst geltend machen, wenn zuvor eine dem Verkäufer zur Nacherfüllung gesetzte angemessene Frist ergebnislos verstrichen ist.

Die Nacherfüllung ist der **zentrale Rechtsbehelf** des Kaufrechts. Er enthält einerseits das **Recht des Verkäufers**, den Käufer einer mangelhaften Sache vor Vertragsauflösung, Minderung oder Schadensersatz auf die Nacherfüllung zu verweisen, andererseits auch die **Pflicht**, dem Käufer diese Nacherfüllung anzubieten.

Prüfungsschema für den Nacherfüllungsanspruch, §§ 437 Nr. 1, 439

A. **Voraussetzungen**

I. **Wirksamer Kaufvertrag**

II. Kaufsache muss **bei Gefahrübergang** mit einem **Sachmangel, § 434**, oder bei Erwerb mit einem **Rechtsmangel, § 435**, behaftet sein.

B. **Kein Ausschluss** oder Einschränkung des Nacherfüllungsanspruchs; 🗗 18 ff.

C. **Rechtsfolge**

Nach § 439 hat der **Käufer** bei der Nacherfüllung das **Wahlrecht**, ob er **Beseitigung des Mangels** oder **Lieferung einer mangelfreien Sache** verlangt.

D. **Verjährung** des Nacherfüllungsanspruchs, **§ 438**; 🗗 49 ff.

Ausschluss des Nacherfüllungsanspruchs und Leistungsverweigerungsrechte des Verkäufers und Käufers (1)

Unmöglichkeit der Nacherfüllung, § 275 I

Die Vorschrift des § 275 I ist in § 439 IV nicht ausdrücklich erwähnt worden, da es sich von selbst versteht, dass etwas Unmögliches nicht geschuldet wird.

- Ob die Nacherfüllung unmöglich ist, muss für **Ersatzlieferung** und **Nachbesserung gesondert festgestellt** werden. Die Nacherfüllungspflicht des Verkäufers ist erst dann ausgeschlossen, wenn beide Arten der Nacherfüllung unmöglich sind.

  Beide Arten der Nacherfüllung sind unmöglich, wenn eine Speziessache mit einem unbehebbaren Mangel behaftet ist (ein Bild wird als echter Picasso verkauft, ist aber unecht).

- Die Unmöglichkeit der Nachlieferung

  Bei einem **Gattungskauf** ist eine Nachlieferung grds. nicht ausgeschlossen, es sei denn, dass eine Lieferung aus der Gattung nicht mehr möglich ist (beschränkte Gattungsschuld oder Untergang der gesamten Gattung).

- Problematisch ist, ob beim **Stückkauf** eine Nachlieferung einer mangelfreien Sache nicht von vornherein ausscheidet.
  - Dies wird z.T. in der Lit. mit der Begründung bejaht, dass sich die Leistungspflicht des Verkäufers beim Stückkauf nur auf die verkaufte Sache beziehe und somit jede andere Sache von vornherein ungeeignet sei, den vertraglich geschuldeten Zustand herbeizuführen.
  - Nach ganz h.M. ist beim Stückkauf die **Nachlieferung nicht** grds. **von vornherein ausgeschlossen**, sondern eine Ersatzlieferung ist dann möglich, **wenn die Kaufsache** – nach der Vorstellung der Parteien – im Falle ihrer Mangelhaftigkeit durch eine **gleichartige** oder **gleichwertige** ersetzt werden kann. Ob eine Ersatzlieferung in Betracht kommt, ist nicht nach objektiven Kriterien, sondern nach dem durch Auslegung zu ermittelnden Willen der Parteien bei Vertragsschluss zu beurteilen.

- Die Nachbesserung ist unmöglich, wenn die Sache mit einem **unbehebbaren Mangel** behaftet ist (ein Unfallwagen wird als unfallfrei gekauft).

Ausschluss des Nacherfüllungsanspruchs und Leistungsverweigerungsrechte des Verkäufers und Käufers (2)

Ausschluss der Leistungspflicht nach §§ 439 IV, 275 II, 275 III

- Der **Schuldner** kann die **Leistung verweigern**, soweit diese einen Aufwand erfordert, der unter Beachtung des Inhalts des Schuldverhältnisses und der Gebote von Treu und Glauben in einem **groben Missverhältnis** zum Leistungsinteresse des Gläubigers steht, §§ 439 IV, 275 II.
- Nach **§§ 439 IV, 275 III** kann der Schuldner die Leistung verweigern, wenn er die Leistung persönlich zu erbringen hat und sie ihm unter Abwägung der der Leistung entgegenstehenden Hindernisse mit dem Leistungsinteresse des Gläubigers **nicht zugemutet werden kann**.
- Die Rechtsbehelfe sind als **Einreden** ausgestaltet und müssen daher vom Verkäufer (konkludent) erhoben werden. Umstritten ist, ob der Erfüllungsanspruch nach Erhebung der Einrede als einredebehafteter Anspruch bestehen bleibt oder ob er erlischt. Dies ist im Ergebnis bedeutungslos, da das Gesetz die Fälle des § 275 I–III gleich behandelt, vgl. § 275 IV.

Rechtsfolgen der Unmöglichkeit der Nacherfüllung

Die **Art der Nacherfüllung**, die unmöglich ist, **wird nicht geschuldet**, § 275 I. Bei § 275 II–III hat der Schuldner lediglich ein **Leistungsverweigerungsrecht**.

Liegen die Voraussetzungen des § 275 I–III bzgl. des **Nacherfüllungsanspruchs** vor, so geht der **Gegenleistungsanspruch** nicht automatisch unter, § 326 I 2. Er erlischt erst, wenn der Käufer

- gem. §§ 437 Nr. 2, 323, 326 V zurücktritt, nach §§ 437 Nr. 2, 441 mindert oder
- gem. §§ 437 Nr. 3, 280 I, III, 283 bzw. §§ 437 Nr. 3, 280 I, III, 281 Schadensersatz statt der Leistung oder Aufwendungsersatz (§ 284) verlangt.

Ausschluss des Nacherfüllungsanspruchs und Leistungsverweigerungsrechte des Verkäufers und Käufers (3)

Leistungsverweigerungsrecht des Verkäufers bei unverhältnismäßig hohen Kosten, § 439 IV

Nach § 439 IV kann der Verkäufer die vom Käufer gewählte Art der Nacherfüllung unbeschadet der § 275 II u. III verweigern, wenn sie nur mit **unverhältnismäßig hohen Kosten möglich** ist. § 439 IV ist kein Ausschlussgrund, sondern nur ein **Leistungsverweigerungsrecht des Verkäufers**, sodass der Verkäufer sich auf die Voraussetzungen berufen muss.

Verweigern kann der Verkäufer „**die vom Käufer gewählte Art der Nacherfüllung**", d.h., das Verweigerungsrecht des Verkäufers bezieht sich nur auf die vom Käufer begehrte Art der Nacherfüllung (Nachbesserung oder Ersatzlieferung). Die Nacherfüllung kann er insgesamt verweigern, wenn beide Arten mit unverhältnismäßig hohen Kosten verbunden sind.

- Für die Beurteilung der Frage, ob die gewählte Art der **Nacherfüllung** mit **unverhältnismäßigen Kosten** verbunden ist, sind insbes. der Wert (nicht Kaufpreis) der Sache im mangelfreien Zustand, die Bedeutung des Mangels und die Frage zu berücksichtigen, ob auf die andere Art der Nacherfüllung ohne erhebliche Nachteile für den Käufer zurückgegriffen werden kann, § 439 IV 2.
- Das gilt nicht nur, wenn die vom Käufer gewählte Art der Nacherfüllung im Vergleich zu der anderen Art der Nacherfüllung unverhältnismäßige Kosten verursacht (S. 2 Alt. 3, sog. **relative Unverhältnismäßigkeit**), sondern auch dann, wenn die vom Käufer gewählte und die einzig mögliche Art der Nacherfüllung für sich allein schon unverhältnismäßige Kosten verursacht (sog. **absolute Unverhältnismäßigkeit**), wobei Bezugspunkte der Prüfung in diesem Fall der Wert der Sache im mangelfreien Zustand (S. 2 Alt. 1) und die Bedeutung des Mangels (S. 2 Alt. 2) sind. Der Ausschluss der verlangten Nacherfüllung gem. § 439 IV ist eine Einrede des Verkäufers, d.h., er muss sich auf sie berufen.

Ausschluss des Nacherfüllungsanspruchs und Leistungsverweigerungsrechte des Verkäufers und Käufers (4)

Leistungsverweigerungsrecht des Verkäufers bei unverhältnismäßig hohen Kosten (Fortsetzung)

- Bei der Beurteilung der Frage, ob die Nacherfüllung mit unverhältnismäßigen Kosten verbunden ist, werden in der **Lit.** z.T. verschiedene Prozentsätze benannt, während andere solche „Faustformeln" ablehnen, da es bei der Beurteilung der Frage, ob unverhältnismäßig hohe Kosten vorliegen, entscheidend auf den Einzelfall ankomme.
- Nach dem **BGH** ist absolute Unverhältnismäßigkeit – jedenfalls soweit kein Verschulden des Verkäufers vorliegt – anzunehmen, wenn die Kosten der Nacherfüllung **150 % des Wertes der Sache im mangelfreien Zustand** oder **200 % des mangelbedingten Minderwertes** übersteigen. Derartige Grenzwerte können nach der Auffassung der Rspr. die Bewertung der Umstände des Einzelfalls nicht ersetzen, geben jedoch in Form einer **Faustregel** einen ersten Anhaltspunkt.

Rechtsfolgen der Nacherfüllung

- **Wahlrecht des Käufers**: Soweit kein Ausschluss oder eine Einschränkung des Nacherfüllungsanspruchs vorliegt, kann der Käufer nach seiner Wahl die Beseitigung des Mangels oder die Lieferung einer mangelfreien Sache verlangen, § 439 I. Hat der Käufer von seinem Wahlrecht Gebrauch gemacht, so kann er seine Wahl noch wechseln. Es handelt sich nicht um eine Wahlschuld, sondern um eine **elektive Konkurrenz**.
- **Erfüllungsort bei der Nacherfüllung**: Nach in der Lit. vertretener Ansicht ist bei fehlender Vereinbarung Leistungsort der Nacherfüllung der Ort, an dem sich die Sache vertragsgemäß befindet (Belegenheitsort). Hierfür spreche, dass es sich bei der Nacherfüllung gerade nicht um den Erfüllungsanspruch, sondern um einen modifizierten Erfüllungsanspruch handele. Nach der Rspr. gilt für die Frage, wo der Nacherfüllungsort ist, die allgemeine Vorschrift des **§ 269 I**. Der Gesetzgeber hat im Kaufrecht keine Regelung über den Nacherfüllungsort

Ausschluss des Nacherfüllungsanspruchs und Leistungsverweigerungsrechte des Verkäufers und Käufers (5)

Rechtsfolgen der Nacherfüllung (Fortsetzung)

getroffen, sodass auf die allgemeine Vorschrift zurückgegriffen werden kann. Danach sind in erster Linie die von den Parteien getroffenen Vereinbarungen entscheidend. Fehlen vertragliche Vereinbarungen, ist auf die jeweiligen Umstände, insbes. die **Natur des Schuldverhältnisses**, abzustellen. Insbes. bei großen Gegenständen, die der Käufer nicht selbst transportieren kann, kann sich aus den Umständen ergeben, dass der Ort der Nacherfüllung der Belegenheitsort der Sache ist.

- **Kosten der Nacherfüllung, § 439 II**

  Gem. § 439 II hat der Verkäufer die zum Zwecke der Nacherfüllung erforderlichen Aufwendungen, insbes. Transport-, Wege-, Arbeits- und Materialkosten zu tragen.

- **Rechtsfolgen bei Nachlieferung**

  – Käufer muss Verkäufer **Sache** zum Zwecke der Nacherfüllung **zur Verfügung** stellen, **§ 439 V**

  – Verkäufer muss **ersetzte Sache** auf seine Kosten **zurücknehmen, § 439 VI 2**. Nach **§ 439 VI 1** kann der Verkäufer im Fall der Neulieferung zum Zweck der Nacherfüllung vom Käufer **Rückgewähr der mangelhaften Sache** „nach Maßgabe der §§ 346–348" verlangen.

    Für den **Verbrauchsgüterkauf** hat der Gesetzgeber in § 475 III 1 geregelt, dass **Nutzungen nicht herauszugeben** oder durch ihren Wert zu ersetzen sind. Da der Gesetzgeber sich für eine Regelung nur im Anwendungsbereich des Verbrauchsgüterkaufs entschieden hat, stellt er damit gleichzeitig klar, dass bei anderen Kaufverträgen Wertersatz für gezogene Nutzungen zu leisten ist.

Aufwendungsersatzanspruch aus § 439 III

Anwendungsbereich

Die Vorschrift des § 439 III **gilt für alle Kaufverträge** (nicht nur für Verbrauchsgüterkäufe) und unabhängig von der Art der Nacherfüllung (also bei Nachbesserung und Nachlieferung).

Voraussetzungen

- Sache **eingebaut oder angebracht**

  Einbau von Fenstern in ein Haus, Befestigung von Fassadenteilen, Montage von Leuchten
- Gem. ihrer **Art** und ihrem **Verwendungszweck**

  (–), wenn Kaufsache durch Einbau entgegen ihrer funktionellen Bestimmung verwendet wird
- **Kein Ausschluss** wegen Einbau/Anbringung der Sache nachdem **Mangel offenbar wurde**

Rechtsfolgen

- **Kein Wahlrecht** des Verkäufers zwischen Selbstvornahme und Aufwendungsersatz
- **Kein „echtes“ Selbstvornahmerecht** des Käufers, da kein Aufwendungsersatz für Mangelbeseitigung selbst
- **Keine Verpflichtung** des Verkäufers **zur Selbstvornahme** (str.)
- Ersatz der **erforderlichen** Aufwendungen
- **Vorschusspflicht** des Verkäufers bei Verbrauchsgüterkauf, **§ 475 IV**

Rücktritt, § 437 Nr. 2 (1)

Der **Rücktritt** stellt ein gegenüber der Nacherfüllung **nachrangiges** Gewährleistungsrecht dar. Grds. hat der Käufer zunächst den Erfüllungsanspruch aus § 433 I 2 im Wege der Nacherfüllung zu verfolgen. Der Rücktritt ist ein **Gestaltungsrecht** und führt zu einem **Rückgewährschuldverhältnis**.

Prüfungsschema für den Rücktritt des Käufers, § 437 Nr. 2

A. **Voraussetzungen des Rücktrittsrechts**

I. **Wirksamer Kaufvertrag** zwischen Verkäufer und Käufer

II. Die Kaufsache muss bei Gefahrübergang mit einem **Sachmangel**, § 434 (🗗 7 ff.), oder bei Erwerb mit einem **Rechtsmangel**, § 435 (🗗 17), behaftet sein.

III. **Erfolgloser Ablauf** einer dem Verkäufer vom Käufer **gesetzten angemessenen Frist** zur Nacherfüllung, § 323 I
Dies gilt nicht, wenn die Fristsetzung entbehrlich ist; 🗗 26 f.

B. **Ausschlussgründe**; 🗗 27

I. Rücktrittsrecht ausgeschlossen

- § 323 V 2, Unerheblichkeit der Pflichtverletzung
- § 323 VI, Käufer allein oder weit überwiegend verantwortlich oder Annahmeverzug des Käufers

II. Kein vertraglicher oder gesetzlicher Gewährleistungsausschluss

C. **Erklärung des Rücktritts**, § 349 (🗗 27)

D. **Unwirksamkeit des Rücktritts** gem. §§ 438 IV, 218 (🗗 30)

E. **Rechtsfolgen des Rücktritts**, §§ 346, 347 (🗗 28 f.)

Rücktritt, § 437 Nr. 2 (2)

Fristsetzung

Der Käufer muss dem Verkäufer eine **angemessene Frist zur Nacherfüllung** setzen. Dies ist eine **Aufforderung zur Nacherfüllung unter Hinzusetzen einer Frist**. Nach h.M. reicht dabei die Aufforderung zur unverzüglichen Leistung (auch „sofort“ oder „umgehend“) aus. Der Käufer muss keinen Zeitpunkt oder Zeitraum angeben, bis zu dessen Ablauf die Nacherfüllung vorgenommen werden muss. Die Angemessenheit der Frist bestimmt sich nach den Umständen des Einzelfalls, wobei die Interessen beider Parteien zu berücksichtigen sind. Eine zu kurz bemessene Nachfrist setzt eine angemessene Frist in Gang.

Entbehrlichkeit der Fristsetzung

Die **Fristsetzung** ist **entbehrlich**, wenn

- der Schuldner die **Leistung ernsthaft** und **endgültig verweigert**, § 323 II Nr. 1;
- der Schuldner die Leistung zu einem im Vertrag **bestimmten Termin** oder innerhalb einer bestimmten Frist nicht bewirkt und der Gläubiger den Fortbestand seines Leistungsinteresses an die Rechtzeitigkeit der Leistung gebunden hat, § 323 II Nr. 2 (relatives Fixgeschäft);

  Die Einhaltung der Leistungszeit muss nach dem Parteiwillen derart wesentlich sein, „dass mit der zeitgerechten Leistung das Geschäft stehen und fallen soll“. Klauseln wie „fix“, „genau“, „spätestens“ deuten auf einen solchen Willen hin.
- **besondere Umstände** vorliegen, die unter Abwägung der beiderseitigen Interessen den sofortigen Rücktritt rechtfertigen, § 323 II Nr. 3;
- die **Nacherfüllung unmöglich** ist, § 326 V;
- der Verkäufer beide Arten der **Nacherfüllung** gem. § 439 IV zu Recht **verweigert**, § 440 S. 1 Alt. 1;

Rücktritt, § 437 Nr. 2 (3)

Entbehrlichkeit der Fristsetzung (Fortsetzung)

- die dem Käufer zustehende Art der **Nacherfüllung fehlgeschlagen** ist, § 440 S. 1 Alt. 2. Nach § 440 S. 2 gilt die Nacherfüllung grds. nach dem zweiten erfolglosen Versuch als fehlgeschlagen.
- die Nacherfüllung **für den Käufer unzumutbar** ist, § 440 S. 1 Alt. 3

  Die Vorschrift hat die Funktion eines Auffangtatbestands. Sie greift immer dann ein, wenn das Vertrauen des Käufers auf eine sachgerechte Vertragserfüllung des Verkäufers nachhaltig gestört ist.

  Verkäufer hat den Käufer arglistig getäuscht oder gesundheitsgefährdendes „Gammelfleisch" geliefert.
- **Für Verbrauchsgüterkäufe enthält § 475d besondere Bestimmungen für das Fristerfordernis** (90 ff.)

Ausschluss des Rücktrittsrechts

- Der Rücktritt ist ausgeschlossen, wenn die **Gewährleistung ausgeschlossen** ist, 46 ff.
- **Ausschluss** gem. **§ 323 V 2**

  Bei einem unerheblichen Mangel ist das Rücktrittsrecht ausgeschlossen (**nicht** die Minderung).
- **Ausschluss** gem. **§ 323 VI**
  - Alleinige oder weit überwiegende Verantwortlichkeit des Käufers für den Rücktrittsgrund
  - Annahmeverzug des Käufers bei Eintritt des Rücktrittsgrundes

Erklärung des Rücktritts

Der **Rücktritt** ist ein **Gestaltungsrecht**. Er wird gem. **§ 349** durch eine einseitige Gestaltungserklärung des Käufers ausgeübt.

Rücktritt, § 437 Nr. 2 (4)

Rechtsfolgen des Rücktritts

Die Rechtsfolgen des Rücktritts ergeben sich aus den **§§ 346 f.** Der Rücktritt führt zu einer Umwandlung des Kaufvertrags in ein **Rückgewährschuldverhältnis**.

- Der Rücktritt führt zum **Erlöschen** der noch **nicht erfüllten vertraglichen Primärpflichten** und ist daher ein rechtsvernichtender Einwand gegen den Leistungsanspruch.
- Soweit die Leistungen bereits erbracht sind, begründet der Rücktritt die **Pflicht zur Rückgewähr**, § 346. Die empfangenen Leistungen sind in Natur zurückzugewähren sowie die gezogenen Nutzungen herauszugeben, § 346 I.
- Ein Anspruch auf **Wertersatz** ist gem. § 346 II 2 Nr. 1–3 in **drei Fällen** gegeben:
  - **Nr. 1**, wenn die Rückgewähr oder die Herausgabe nach der Natur des Erlangten ausgeschlossen ist. Hinsichtlich des Nachlieferungsanspruchs war lange Zeit hochstreitig, ob der Käufer Nutzungsersatz für die Nutzung der mangelhaften Sache gem. §§ 439 VI, 346 leisten muss. Beim Verbrauchsgüterkauf ist im Rahmen der Nacherfüllung kein Nutzungsersatz zu leisten (§ 475 III 1). Beim Rücktritt ist hingegen auch beim Verbrauchsgüterkauf Nutzungsersatz zu leisten, denn § 475 III 1 betrifft nur den Nachlieferungsanspruch.
  - **Nr. 2** begründet eine Wertersatzpflicht, soweit der Schuldner den empfangenen Gegenstand verbraucht, veräußert, belastet, verarbeitet oder umgestaltet hat.
  - Nach **Nr. 3** muss Wertersatz geleistet werden, wenn der empfangene Gegenstand sich verschlechtert hat oder untergegangen ist; es bleibt jedoch die durch die bestimmungsgemäße Ingebrauchnahme entstandene Verschlechterung außer Betracht (sog. Zulassungsschaden).

Rechtsfolgen des Rücktritts (Fortsetzung)

- Nach **§ 346 III** kann die **Wertersatzpflicht** in bestimmten Fällen **entfallen**. Liegen die Voraussetzungen von § 346 III 1 Nr. 1–3 vor, ist nur die verbleibende **Bereicherung** herauszugeben (§ 346 III 2).
  - Nach **Nr. 1** entfällt der Wertersatz, wenn sich der Mangel erst **bei** der Verarbeitung oder Umgestaltung zeigt. Erst recht gilt dies bei Mängeln, die sich **nachher** zeigen.
  - **Nr. 2** lässt den Wertersatz entfallen, wenn der Gläubiger die Verschlechterung oder den Untergang **zu vertreten hat** oder der Schaden bei ihm **gleichfalls eingetreten** wäre.

    ⚠ Vertretenmüssen meint hier nicht nur Vorsatz und Fahrlässigkeit i.S.v. § 276 I 1, sondern **jede** Pflichtverletzung des Gläubigers, die zum Untergang oder zur Verschlechterung der Sache führt. Das ist insbesondere jede **mangelbedingte** (Kausalität!) Ursache der Verschlechterung.
  - Nach **Nr. 3** ist die Wertersatzpflicht ausgeschlossen, wenn bei einem gesetzlichen Rücktrittsrecht die Verschlechterung oder der Untergang trotz Einhaltung der **eigenüblichen Sorgfalt** (**§ 277**) eingetreten ist.

    ⚠ **Umstritten** ist, ob § 346 III 1 Nr. 3 auch **nach Kenntnis** vom Rücktrittsgrund zugunsten des Berechtigten eingreift. Nach h.M. legt der Wortlaut nahe, eine Differenzierung zu unterlassen. Nach a.A. ist § 346 III 1 Nr. 3 in diesen Fällen teleologisch zu reduzieren, da eine Privilegierung des Berechtigten nicht mehr erforderlich sei. Für die h.M. spricht, dass bei einer Haftung des Schuldners nach den allgemeinen Regeln der Ausschluss der Wertersatzpflicht nach § 346 III 1 Nr. 3 nur noch wenig Bedeutung hätte und dass der Schuldner, der weiß, dass die Sache mangelhaft ist, nicht zwingend davon ausgehen muss, dass er die Sache zurückgeben muss, da auch eine Mangelbeseitigung in Betracht kommt.
- Verletzt der Käufer eine Pflicht aus dem Rückgewährschuldverhältnis, so kann der Verkäufer gem. §§ 280–283 **Schadensersatz** verlangen, **§ 346 IV**.

  ⚠ Das Rückgewährschuldverhältnis entsteht erst mit der Rücktrittserklärung. **Str.** ist, ob den Rücktrittsschuldner bereits **vor Erklärung** des Rücktritts hinsichtlich des nach der Rücktrittserklärung gem. § 346 I zurückzugewährenden Gegenstands Sorgfaltspflichten i.S.d. § 241 II treffen, wenn er vom Rücktrittsgrund Kenntnis hat. Die h.M. lehnt solche Pflichten ab.

Rücktritt, § 437 Nr. 2 (6)

Unwirksamkeit des Rücktritts, §§ 438 IV, 218

Der Rücktritt ist **unwirksam, wenn** der **Anspruch** auf **Nacherfüllung verjährt** ist, § 218 I 1. Die Verjährung des Nacherfüllungsanspruchs richtet sich nach § 438. Es ist eine Sonderregelung in § 438 IV für den Rücktritt erforderlich, denn das Rücktrittsrecht ist kein Anspruch, sondern ein Gestaltungsrecht. Gestaltungsrechte verjähren nicht, sondern nur Ansprüche, § 194.

- Der **Käufer** kann auch bei Unwirksamkeit des Rücktritts die **Zahlung verweigern, § 438 IV 2**.
- Für den Fall, dass der **Käufer die Mängeleinrede** erhebt, hat der **Verkäufer ein Rücktrittsrecht**, § 438 IV 3. Damit wird verhindert, dass der Käufer den Kaufpreis nicht zahlt, seinerseits aber die mangelhafte Sache weiter nutzt.

Teilleistung

⚠ **Str.** ist, unter welchen Voraussetzungen der Käufer vom Vertrag zurücktreten kann, wenn er eine Teilleistung angenommen hat.

- Überträgt man die **Wertung des § 434 III** auf § 323, so liegt eine mangelhafte Leistung vor und der Käufer kann schon vom Vertrag zurücktreten, wenn die Pflichtverletzung nicht unerheblich ist, § 323 V 2.
- Andere gehen hingegen davon aus, dass im Rahmen des § 323 die Teilleistung **nicht wie** die **Schlechtleistung zu behandeln** ist, sondern wie eine Teilleistung und dass somit ein Gesamtrücktritt nur möglich ist, wenn die Voraussetzungen des § 323 V 1 vorliegen (Interessenwegfall).

Rücktritt, § 437 Nr. 2 (7)

Teilleistung (Fortsetzung)

- Die **Minderleistung** sollte im Rahmen des § 323 grds. nicht als Schlechtleistung behandelt werden, da es nicht gerechtfertigt ist, dem Käufer einen Gesamtrücktritt schon dann zu gewähren, wenn die Pflichtverletzung nicht unerheblich ist. Erkennt der Käufer bei Übergabe die Teilleistung und weist sie zurück, so kann er auch nur unter den Voraussetzungen des § 323 V 1 zurücktreten (Interessenwegfall).

  K bestellt bei V zehn Kisten Wein. Versehentlich liefert V nur neun. Nunmehr stellt K fest, dass er den Wein anderweitig billiger beziehen kann. V gelingt es nicht, innerhalb der gesetzten Nachfrist nachzuliefern.

  Ein Rücktrittsrecht des K ist nur gegeben, wenn sein Interesse an der Leistung wegen der Minderlieferung wegfällt. Somit hat er hier kein Rücktrittsrecht, da das Interesse nicht wegen der Teillieferung weggefallen ist, sondern weil er den Wein anderweitig billiger beziehen konnte.

Teilrücktritt bei teilweise schlechter Leistung

- Liefert der Verkäufer teilweise schlecht (von 100 Weinflaschen sind 10 verdorben), so ist **str.**, unter welchen Voraussetzungen der Käufer zurücktreten kann.
  - **Zum Teil** wird davon ausgegangen, dass **qualitative Minderleistung**, also Schlechtleistungen, ausschließlich unter § 323 V 2 fallen und damit ein Gesamtrücktrittsrecht besteht, wenn der Mangel erheblich ist.
  - Nach der **h.M.** ist ein Teilrücktritt bzgl. des erbrachten mangelhaften Teils möglich, wenn die Pflichtverletzung erheblich ist, § 323 V 2. Ein Rücktritt vom Gesamtvertrag setzt jedoch einen **Interessenwegfall** voraus, § 323 V 1.

Minderung, § 437 Nr. 2

Prüfungsschema für die Minderung, §§ 437 Nr. 2, 441

A. **Voraussetzungen** (identisch mit denen des Rücktrittsrechts)

I. Wirksamer **Kaufvertrag**

II. **Sachmangel** bei Gefahrübergang oder **Rechtsmangel** bei Erwerb

III. Erfolgloser Ablauf einer dem Verkäufer vom Käufer gesetzten angemessenen **Frist zur Nacherfüllung**; zur Entbehrlichkeit der Fristsetzung 🗗 26 f.

B. **Kein Ausschluss der Gewährleistung**, 🗗 46 ff.

Im Unterschied zum Rücktrittsrecht ist das Minderungsrecht beim **unerheblichen** Mangel **nicht** ausgeschlossen, § 323 V 2 gilt nicht bei der Minderung, § 441 I 2.

C. Minderung wird wie Rücktritt durch eine **einseitige Erklärung** ausgeübt, § 441 I 1.

D. **Minderung** ist **unwirksam**, wenn der Anspruch auf Nacherfüllung verjährt ist, **§§ 438 V, 218 I 1**.

E. **Rechtsfolgen der Minderung** ergeben sich aus **§ 441 III** und **IV**:

- Gem. § 441 III ist der vereinbarte **Kaufpreis in dem Verhältnis herabzusetzen**, zu welchem zum Zeitpunkt des Verkaufs der Wert der Sache im mangelfreien Zustand zu dem wirklichen Wert der Sache gestanden haben würde. Die verhältnismäßige Herabsetzung ist erforderlich, damit der Vertrag seine subjektive Äquivalenz, seinen Charakter als mehr oder weniger vorteilhaftes Geschäft für die beiden Vertragsparteien behält.

$$\frac{X}{\text{vereinbarter Preis}} = \frac{\text{wirklicher Wert}}{\text{Wert ohne Mangel}}$$

- Hat der Käufer mehr als den geminderten **Kaufpreis bezahlt**, so kann er den Mehrbetrag nach den Rücktrittsregeln zurückverlangen, **§§ 441 IV, 346**. Ein Anspruch aus § 812 I 1 Alt. 1 ist ausgeschlossen.

Ansprüche des Käufers auf Schadens- oder Aufwendungsersatz, § 437 Nr. 3 (1)

Überblick über die Schadensersatzansprüche des Käufers wegen Verletzung der Pflicht zur Lieferung einer mangelfreien Kaufsache, § 433 I 2

Schadensersatz **statt** der Leistung			Schadensersatz **neben** der Leistung	
anfängliche Unmöglichkeit der Nacherfüllung, §§ 434, 437 Nr. 3, **311a II**	**nachträgliche Unmöglichkeit** der Nacherfüllung, §§ 434, 437 Nr. 3, 280 I u. III, **283**	**Nichtleistung** der Nacherfüllung **nach Fristsetzung**, §§ 434, 437 Nr. 3, 280 I u. III, **281**	**Verzug** mit der Nacherfüllung, §§ 434, 437 Nr. 3, 280 I u. II, **286**	**sonstige Schäden**, die durch die mangelhafte Leistung entstanden sind, §§ 434, 437 Nr. 3, **280 I**

Ist die Leistung mangelfrei, verletzt der Verkäufer aber Pflichten aus **§ 241 II** (Nebenpflichten), so kann der Käufer nach **§ 282** unter den Voraussetzungen des § 280 I Schadensersatz statt der Leistung verlangen, wenn ihm die Leistung durch den Verkäufer nicht mehr zuzumuten ist.

Anspruch des Käufers auf Schadensersatz statt der Leistung

Der Anspruch des Käufers auf Schadensersatz **statt der Leistung** ergibt sich aus § 437 Nr. 3 i.V.m. **§ 311a II** (anfängliche Unmöglichkeit der Nacherfüllung) oder i.V.m. §§ 280 I, III, **283 S. 1** (nachträgliche Unmöglichkeit der Nacherfüllung) oder aus §§ 437 Nr. 3, 280 I, III, **281** (Nichtleistung nach erfolglosem Ablauf der gesetzten Frist).

Ansprüche des Käufers auf Schadens- oder Aufwendungsersatz, § 437 Nr. 3 (2)

Prüfungsschema für den Schadensersatzanspruch bei anfänglicher Unmöglichkeit der Nacherfüllung, §§ 437 Nr. 3, 311a II

A. **Voraussetzungen**
   I. Wirksamer **Kaufvertrag**
   II. Kaufsache ist bei Gefahrübergang mit einem **Sachmangel** oder bei Erwerb mit einem **Rechtsmangel** behaftet.
   III. **Beide Arten der Nacherfüllung sind von Anfang an unmöglich.**
   IV. Verkäufer hat sich **nicht entlastet, § 311a II 2**.

B. **Kein Ausschluss der Gewährleistung**, 46 ff.

C. **Keine Verjährung, § 438**, 49 ff.

D. **Rechtsfolge**
   I. Erfüllungsanspruch erlischt nach § 275 I (Vertrag wirksam, § 311a I).
   II. Käufer hat einen Anspruch auf **Schadensersatz statt der Leistung**.

V verkauft an K einen Dackel, der aufgrund eines genetischen Defekts, der durch eine OP nicht völlig beseitigt werden kann, O-Beine hat. V kann sich entlasten, wenn er den Mangel nicht kannte und auch nicht erkennen konnte.

Bei der anfänglichen Unmöglichkeit wird dem Schuldner nicht die Nichtvornahme der geschuldeten Leistung vorgeworfen, sondern dass er sich vor der schuldrechtlichen Verpflichtung nicht hinreichend über **seine eigene Leistungsfähigkeit** informiert hat. Deswegen muss der Verkäufer, um nicht schadensersatzpflichtig zu werden, darlegen und ggf. beweisen, dass er das Leistungshindernis **bei Vertragsschluss nicht kannte** und seine **Unkenntnis auch nicht zu vertreten** hat. Das Vertretenmüssen in § 311a II bezieht sich auf die in § 276 I 1 genannten Haftungsmilderungen und Haftungsverschärfungen, insbes. auch auf die Übernahme einer Garantie oder eines Beschaffungsrisikos. Auch die Kenntnis oder grob fahrlässige Unkenntnis seines Erfüllungsgehilfen muss sich der Schuldner gem. **§ 278** zurechnen lassen.

Ansprüche des Käufers auf Schadens- oder Aufwendungsersatz, § 437 Nr. 3 (3)

Prüfungsschema für den Schadensersatzanspruch statt der Leistung bei nachträglicher Unmöglichkeit der Nacherfüllung, §§ 437 Nr. 3, 280 I u. III, 283

A. **Voraussetzungen**

I. Wirksamer **Kaufvertrag**

II. Kaufsache ist bei Gefahrübergang mit einem **Sachmangel** oder bei Erwerb mit einem **Rechtsmangel** behaftet.

III. Nacherfüllung wird **nachträglich unmöglich**.

⚠ Für anfängliche Unmöglichkeit der Nacherfüllung enthält § 311a II eine Spezialregelung.

IV. Verkäufer hat sich **nicht entlastet, § 280 I 2**.

B. **Kein Ausschluss der Gewährleistung**, 🗗 46 ff.

C. **Keine Verjährung, § 438**

D. **Rechtsfolge**

I. Nacherfüllungsanspruch ist ausgeschlossen, § 275 I.

II. Käufer hat einen Anspruch auf **Schadensersatz statt der Leistung**.

Dabei hat er ein **Wahlrecht** zwischen dem großen und kleinen Schadensersatz:

- Der Käufer kann die mangelhafte Sache behalten und Ausgleich der Wertdifferenz zwischen der mangelhaften Sache und der mangelfreien Sache verlangen (**sog. kleiner Schadensersatzanspruch**).
- Er kann die Kaufsache aber auch zurückgeben und Ersatz seines gesamten Schadens, also auch des nutzlos aufgewendeten Kaufpreises, verlangen (**sog. großer Schadensersatzanspruch**). Dieser ist ausgeschlossen, wenn der Mangel unerheblich ist, §§ 283 S. 2, 281 I 3.

Ansprüche des Käufers auf Schadens- oder Aufwendungsersatz, § 437 Nr. 3 (4)

Prüfungsschema für den Schadensersatzanspruch statt der Leistung bei nicht oder nicht wie geschuldet erbrachter Leistung, §§ 437 Nr. 3, 280 I u. III, 281

A. **Voraussetzungen**

I. Wirksamer **Kaufvertrag** zwischen Käufer und Verkäufer

II. Kaufsache muss bei Gefahrübergang mit einem **Sachmangel**, § 434, oder bei Erwerb mit einem **Rechtsmangel**, § 435, behaftet sein.

III. Käufer muss dem Verkäufer eine **angemessene Frist zur Nacherfüllung** gesetzt haben, die erfolglos abgelaufen ist (zur Entbehrlichkeit der Fristsetzung vgl. § 281 II u. **§§ 440 S. 1, 475 d II**).

IV. Verkäufer hat sich **nicht entlastet, § 280 I 2**.

B. **Kein Ausschluss des Schadensersatzanspruchs** (**§ 281 I 3**) **oder der Gewährleistung**, ⧉ 46 ff.

C. **Keine Verjährung, § 438**

D. **Rechtsfolge**

I. Anspruch auf die Leistung ist ausgeschlossen, **§ 281 IV**.

II. Käufer hat einen Anspruch auf Schadensersatz statt der Leistung.

Welche Schäden vom Schadensersatzanspruch gem. § 281 erfasst werden, ist **str.**, vgl. ⧉ 42.

Auch hier hat er das **Wahlrecht** zwischen dem großen und kleinen Schadensersatzanspruch, vgl. ⧉ 35.

III. Ggf.: Rückforderung des Geleisteten gem. **§§ 281 V, 346 ff.**

Ansprüche des Käufers auf Schadens- oder Aufwendungsersatz, § 437 Nr. 3 (5)

Prüfungsschema für den Anspruch auf Ersatz d. Verzögerungsschadens aus §§ 437 Nr. 3, 280 I, II, 286

A. **Voraussetzungen**

I. Wirksamer **Kaufvertrag** zwischen Käufer und Verkäufer

II. Kaufsache ist bei Gefahrübergang mit einem **Sachmangel**, § 434, oder bei Erwerb mit einem **Rechtsmangel** behaftet, § 435.

III. Verkäufer ist mit der **Nacherfüllung in Verzug**.

1) Fälliger (durchsetzbarer) Anspruch auf Nacherfüllung

2) **Mahnung**

- Klage auf Leistung oder Zustellung des Mahnbescheids stehen gleich, § 286 I 2
- Mahnung entbehrlich gem. § 286 II
- Verzugseintritt gem. § 286 III

IV. **Nichtleistung** des Verkäufers

V. Kein Verzug, wenn der Verkäufer die Nichtleistung nicht **zu vertreten** hat, **§ 286 IV**

B. **Kein Ausschluss der Gewährleistung**, 🗗 46 ff.

C. **Keine Verjährung, § 438**

D. **Rechtsfolge**

Käufer erhält den durch den Verzug entstandenen Schaden ersetzt. Dieser **Schadensersatzanspruch tritt neben den Erfüllungsanspruch**.

Ansprüche des Käufers auf Schadens- oder Aufwendungsersatz, § 437 Nr. 3 (6)

Prüfungsschema für den Anspruch auf Ersatz des durch den Mangel entstandenen Schadens aus §§ 437 Nr. 3, 280 I

A. **Voraussetzungen**

I. Wirksamer **Kaufvertrag**

II. Kaufsache ist bei Gefahrübergang mit einem **Sachmangel**, § 434, oder bei Erwerb mit einem **Rechtsmangel**, § 435, behaftet.

III. Infolge des Mangels entsteht ein **Schaden an anderen Rechtsgütern** des Käufers (auch Vermögen).

⚠ Der Schaden an der Kaufsache selbst wird über §§ 437 Nr. 3, 280 I u. III, 281 bzw. §§ 437 Nr. 3, 280 I u. III, 283 als Schadensersatz statt der Leistung ersetzt.

IV. Verkäufer hat sich **nicht entlastet, § 280 I 2**.

B. **Kein Ausschluss** der Gewährleistung, ⧉ 46 ff.

C. **Keine Verjährung, § 438**

D. **Rechtsfolge**

Schadensersatz neben der Leistung. Nach § 280 I wird weder der Verzögerungsschaden (⧉ 37) noch Schadensersatz statt der Leistung ersetzt.

Ansprüche des Käufers auf Schadens- oder Aufwendungsersatz, § 437 Nr. 3 (7)

Abgrenzungsprobleme zwischen den einzelnen Anspruchsgrundlagen

Verzögert sich die Nacherfüllung, so ist Schadensersatz statt der Leistung nach §§ 437 Nr. 3, 280 I u. III, 281 zu erbringen. Der **Verzögerungsschaden** ist nach §§ 437 Nr. 3, 280 I, II, 286 zu ersetzen und die übrigen Schäden, die infolge der Mangelhaftigkeit entstanden sind, nach §§ 437 Nr. 3, 280 I. Die **Abgrenzung** der einzelnen Anspruchsgrundlagen ist eines der Hauptprobleme des Gewährleistungsrechts.

Betriebsausfallschaden (Nutzungsausfallschaden)

Darunter versteht man Einbußen, die ein Käufer erleidet, weil er die Kaufsache zeitweise aufgrund eines Mangels überhaupt nicht bzw. nicht planmäßig in seinem Betrieb einsetzen kann. In der Lit. werden im Wesentlichen folgende Ansätze vertreten:

- Nach e.A. stellt der Betriebsausfallschaden einen Schadensersatzanspruch statt der Leistung i.S.d. §§ 437 Nr. 3, 280 I, III, 281 dar.
- Andere gehen hingegen davon aus, dass es sich um einen Verzögerungsschaden i.S.d. §§ 437 Nr. 3, 280 I, II, 286 handelt.
- Nach der wohl **h.M.** handelt es sich jedoch um einen einfachen Schadensersatzanspruch aus §§ 437 Nr. 3, 280 I.

Zutreffend dürfte sein, danach zu differenzieren, **auf welcher Pflichtverletzung der Betriebsausfallschaden beruht**.

- Ist er nur dadurch hervorgerufen worden, dass der Verkäufer schuldhaft eine mangelhafte Sache liefert, ergibt sich der Anspruch aus §§ 437 Nr. 3, 280 I.
- Liefert der Verkäufer trotz Mahnung keine mangelfreie Sache, so ergibt sich der Anspruch auf Ersatz des Verzögerungsschadens aus §§ 437 Nr. 3, 280 I, II, 286.
- Beruht der Betriebsausfallschaden auf dem endgültigen Ausbleiben der Leistung, so handelt es sich um einen Schadensersatzanspruch statt der Leistung aus §§ 437 Nr. 3, 280 I, III, 281.

Ansprüche des Käufers auf Schadens- oder Aufwendungsersatz, § 437 Nr. 3 (8)

Mangelbeseitigung durch den Käufer

Str. ist, ob der Käufer einen Ersatzanspruch gegen den Verkäufer hat, wenn er den Mangel, **ohne dem Verkäufer eine Frist zu setzen** bzw. ohne den Fristablauf abzuwarten, **selbst beseitigt**. In Betracht kommen folgende Anspruchsgrundlagen:

- Ein Anspruch des Käufers gegen den Verkäufer aus **§§ 437 Nr. 3, 280 I u. III, 283**.

  Selbst wenn man Unmöglichkeit annimmt (str.), besteht kein Anspruch, da der Käufer die Unmöglichkeit selbst herbeigeführt hat. Der Verkäufer kann sich entlasten.

- Ein Anspruch aus **§§ 437 Nr. 3, 280 I u. III, 281** scheidet ebenfalls aus.

  Geht man von einer nachträglichen Unmöglichkeit der Mangelbeseitigung aus, ist § 283 lex specialis. Selbst wenn man mit der Gegenansicht keine Unmöglichkeit annimmt, scheitert der Anspruch an der fehlenden Fristsetzung.

- Der Käufer kann auch nicht den Kaufpreis nach **§§ 346, 326 V, 323 I, 437 Nr. 2** herausverlangen.

  Es fehlt an der Fristsetzung. Fraglich ist, ob diese nicht ausnahmsweise entbehrlich ist, da die Mangelbeseitigung unmöglich ist. Mit der Durchführung der Selbstvornahme durch den Käufer kann der Verkäufer seiner Pflicht zur Mangelbeseitigung nicht mehr nachkommen, da kein behebbarer Mangel mehr vorhanden ist. Gem. § 323 VI ist der Rücktritt jedoch ausgeschlossen, wenn der Gläubiger für den Umstand, welcher ihn zum Rücktritt berechtigen würde, allein oder weit überwiegend verantwortlich ist.

- Auch eine Rückforderung eines Teils des Kaufpreises unter dem Gesichtspunkt der Minderung, **§§ 346, 441 IV, 437 Nr. 2**, scheidet mangels Fristsetzung aus.

- Ein Anspruch aus **§ 439 II** ist nicht gegeben, da diese Regelung nur den Fall betrifft, dass der Verkäufer die Nacherfüllung vornimmt. Ferner greift **§ 439 III** nicht, weil der Aufwendungsersatz nicht die Mangelbeseitigung selbst erfasst.

Ansprüche des Käufers auf Schadens- oder Aufwendungsersatz, § 437 Nr. 3 (9)

Mangelbeseitigung durch den Käufer (Fortsetzung)

- In der Lit. wird vertreten, dem Käufer bei einer Selbstvornahme gegen den Verkäufer einen Anspruch auf Ersatz der **ersparten Aufwendungen** aus **§§ 326 II 2, 326 IV, 346** analog zu gewähren.
  - Der Gesetzgeber habe dem Käufer lediglich kein Recht zur Selbstvornahme gegeben. Der Verkäufer, der seine Pflicht zur mangelfreien Leistung nicht erfüllt habe, dürfe durch die unberechtigte Selbstvornahme des Käufers nicht privilegiert werden.
  - Die Rspr. und die überwiegende Lit. lehnen einen solchen Anspruch jedoch ab, weil er das Recht des Verkäufers zur zweiten Andienung unterlaufe. Im Übrigen nehme die Selbstvornahme des Käufers dem Verkäufer die Möglichkeit der Untersuchung und der Beweissicherung.
  - Anders als das Werkvertragsrecht, § 637, und das Mietrecht, § 536a II, gibt es im Kaufrecht keinen Aufwendungsersatzanspruch bei Mängelbeseitigung. §§ 437 ff. enthalten insoweit für die Rechte des Käufers eine abschließende Regelung.
- Auch ein Anspruch aus **§ 637 analog** scheidet aus, da es an der erforderlichen Regelungslücke fehlt.
- Ein Aufwendungsersatzanspruch aus **§§ 684 S. 1, 812 I 1 Alt. 1** ist ebenfalls nicht gegeben, da die Gewährleistungsregeln eine abschließende Sonderregelung sind.
- Das Gleiche gilt für einen Anspruch auf Ersatz der ersparten Aufwendungen aus **§ 812 I 1 Alt. 1**.

⚠ Die obigen Ausführungen gelten nur für den Fall, dass eine Fristsetzung nicht entbehrlich ist. Ist sie entbehrlich, etwa weil der Verkäufer sich ernsthaft und endgültig weigert oder besondere Umstände vorliegen, die unter Abwägung der beiderseitigen Interessen die sofortige Geltendmachung eines Schadensersatzanspruchs rechtfertigen, so ergibt sich der Anspruch aus §§ 437 Nr. 3, 280 I, III, 281.

🔍 Aufgrund einer infektiösen Durchfallerkrankung des gekauften Hundes ist eine sofortige tierärztliche Notfallbehandlung erforderlich.

Ansprüche des Käufers auf Schadens- oder Aufwendungsersatz, § 437 Nr. 3 (10)

Rechtsfolgen des Schadensersatzanspruchs statt der Leistung

- **Erlöschen des Erfüllungsanspruchs**
  - Gem. **§ 281 IV erlischt der Erfüllungsanspruch** nicht mit Fristablauf, sondern erst dann, wenn der Gläubiger Schadensersatz statt der Leistung verlangt.
  - **Gegenleistungsanspruch** (Kaufpreisanspruch): Das Gesetz enthält **keine Regelung** darüber, was mit dem Kaufpreisanspruch geschieht, wenn der Käufer Schadensersatz statt der Leistung verlangt.
    - Teilweise wird vertreten, dass der Anspruch auf die Gegenleistung nicht gleichzeitig mit dem Erlöschen des Erfüllungsanspruchs gem. § 281 IV erlischt, da die Vorschrift entsprechend der systematischen Stellung und dem Wortlaut keinerlei Rechtsfolge hinsichtlich der Gegenleistungspflicht regele. Diese erlösche nur aufgrund eines Rücktritts und immer nur mit den Folgen der §§ 346 f.
    - Nach h.M. erlischt bei gegenseitigen Verträgen, also auch bei Kaufverträgen, mit dem **Erlöschen des Leistungsanspruchs** des Gläubigers gem. § 281 IV **auch der Anspruch des Schuldners auf die Gegenleistung**. Dies ergebe sich aus der Verbindung von Leistung und Gegenleistung. Wenn schon gem. § 281 IV der Anspruch des (leistungstreuen) Gläubigers erlösche, so müsse erst Recht der Gegenleistungsanspruch des Schuldners erlöschen, der diese Leistungsstörung zu vertreten habe.
- **Schadensersatz statt der Leistung gem. § 281 IV**
  - Teilweise wird angenommen, dass § 281 IV alle Schäden erfasst, die ab Fälligkeit eintreten (**Gesamtabrechnung**).
  - Dagegen werden nach der Lehre der **schadensphänomenologischen Abgrenzung** nur die Schäden erfasst, die funktional an die Stelle der Leistung treten.
  - Nach **h.L.** werden die Schäden erfasst, die auf das **endgültige Ausbleiben der Leistung** zurückzuführen sind.

Ansprüche des Käufers auf Schadens- oder Aufwendungsersatz, § 437 Nr. 3 (11)

Der Anspruch aus **§ 284** kann **anstelle** jedes Schadensersatzanspruchs statt der Leistung treten. Darüber hinaus verweist § 311a II 1 bzgl. des Umfangs des Aufwendungsersatzanspruchs bei anfänglicher Unmöglichkeit auf § 284. Vergebliche Aufwendungen sind **freiwillige Vermögensopfer**, die der Gläubiger im Vertrauen auf den Erhalt der Leistung erbracht hat, die sich aber wegen der Nichtleistung oder der nicht vertragsgemäßen Leistung des Schuldners als nutzlos erweisen. Zu den Aufwendungen zählen sog. Vertragskosten, wie z.B. die **Kosten für die Übergabe, Versendung oder Beurkundung**, Zölle, Fracht, Einbau- und Montagekosten.

Prüfungsschema für den Ersatz vergeblicher Aufwendungen, §§ 437 Nr. 3, 284

A. **Voraussetzungen**
   I. **Bestehen eines Schadensersatzanspruchs statt der Leistung**
   II. **Vergebliche Aufwendungen**, die der Käufer im Vertrauen auf den Erhalt der Leistung gemacht hat und billigerweise machen durfte
   III. **Kein Ausschluss** nach § 284, letzter Halbs.
   IV. **Alternativität** zum Schadensersatzanspruch statt der Leistung

B. **Rechtsfolge**
   I. „Anstelle" des Schadensersatzanspruchs statt der Leistung kann Ersatz der vergeblichen Aufwendungen verlangt werden.
   II. Anspruchskürzung bei Nutzung der Sache

Nach § 284 kann anstelle des Schadensersatzes statt der Leistung Ersatz der Aufwendungen verlangt werden. Aufwendungsersatz tritt also **nur alternativ zum Schadensersatz statt der Leistung**. Nach § 284 sind mithin Schadensersatzansprüche neben der Leistung nicht ausgeschlossen.

Ansprüche des Käufers auf Schadens- oder Aufwendungsersatz, § 437 Nr. 3 (12)

Überblick über die Haftung des Verkäufers

Schadensersatz oder Aufwendungsersatz wegen des Mangels muss der Verkäufer nur leisten, wenn er die Pflichtverletzung zu vertreten hat. Dabei gilt zugunsten des Käufers gem. **§ 280 I 2** die **Beweislastumkehr**. Der Verkäufer muss also behaupten und beweisen, dass er die Pflichtverletzung nicht zu vertreten hat.

Haftung des Verkäufers für Verschulden

- Grds. haftet der Verkäufer gem. **§ 276 I 1** für **Vorsatz** und **Fahrlässigkeit** und nach § 278 für das Verschulden seines Erfüllungsgehilfen.

  Beispiele für die Verschuldenshaftung des Verkäufers:

  - Der Verkäufer verschweigt arglistig einen Mangel.
  - Er verursacht schuldhaft einen Mangel.
  - Er beseitigt schuldhaft einen Mangel nicht.

  Inwieweit Aufklärungs-, Untersuchungs- oder sonstige Sorgfaltspflichten entstehen, ist Frage des Einzelfalls.

- **Abweichende Haftungsmaßstäbe** können sich aus dem Gesetz ergeben.

  Bei Schuldnerverzug Haftung für Zufall, § 287 S. 2. Befindet sich der Käufer im Verzug mit der Annahme, haftet der Verkäufer gem. **§ 300 I** nur für Vorsatz und grobe Fahrlässigkeit.

Ansprüche des Käufers auf Schadens- oder Aufwendungsersatz, § 437 Nr. 3 (13)

Übernahme des Beschaffungsrisikos

Mit der **Vereinbarung einer Gattungsschuld** übernimmt der Schuldner konkludent das **Beschaffungsrisiko** (Hauptanwendungsfall). Auch der Verkäufer einer Stückschuld kann das Beschaffungsrisiko übernehmen. **Beschaffungsrisiko** ist nicht nur das Risiko, **die Sache überhaupt zu besorgen**. Auch das Risiko der verspäteten Leistung ist vom Schuldner zu tragen.

Umstritten ist, ob der Schuldner einer Gattungsschuld auch das Beschaffungsrisiko für eine **mangelfreie Lieferung** trägt.

- Dafür wird angeführt, dass der Verkäufer gem. **§ 243 I** nur mit einer fehlerfreien Sache erfüllen kann.
- Die **h.M.** verneint jedoch eine verschuldensunabhängige Haftung bei einer Gattungsschuld. Nach dem Sprachgebrauch könne aus der „Übernahme eines Beschaffungsrisikos“ nicht auch auf eine Garantie für eine ordnungsgemäße Beschaffenheit geschlossen werden. „**Beschaffen**“ bedeutet zunächst allein „**Herbeischaffen**“ und beziehe sich nicht auf die Qualität des zu besorgenden Gegenstands.

Ausschluss der Gewährleistungsansprüche (1)

Die **Gewährleistung** (Nacherfüllung, Rücktritt, Minderung, Schadens- oder Aufwendungsersatz) kann ausgeschlossen sein

- durch **Rechtsgeschäft** oder
- kraft **Gesetzes**.

Rechtsgeschäftlicher Gewährleistungsausschluss

Die Gewährleistung kann durch **Individualvertrag**, durch **AGB** oder durch einseitigen **Verzicht** ausgeschlossen werden.

Gewährleistungsausschluss durch Individualvertrag

- Die Parteien können, wie sich aus **§ 444** ergibt, vereinbaren, dass dem Käufer die gesetzlichen Gewährleistungsrechte überhaupt nicht oder nur unter Einschränkungen zustehen sollen. Der Verkäufer kann sich jedoch auf die Vereinbarung nicht berufen, wenn er den **Mangel arglistig verschwiegen** hat (🗗 44) oder eine **Garantie** für die Beschaffenheit der Sache übernommen hat. Daneben gelten noch die allgemeinen Einschränkungen der §§ 134, 138, 242.
- Liegt ein **Verbrauchsgüterkauf** vor, verkauft also ein Unternehmer eine Ware an einen Verbraucher, so ist vor Mitteilung des Mangels auch durch Individualvereinbarung nur eine Beschränkung des Schadensersatzanspruchs möglich, **§ 476 III**.

Gewährleistungsausschluss durch AGB

Ist die Gewährleistung durch AGB, die Vertragsbestandteil geworden sind, ausgeschlossen, so ist eine Inhaltskontrolle vorzunehmen, §§ 307–309.

⚠ Zuerst ist § 309, dann § 308, dann § 307 zu prüfen. Im Kaufrecht sind insbes. **§ 309 Nr. 7 und Nr. 8** sowie **§ 307** von Bedeutung.

Ausschluss der Gewährleistungsansprüche (2)

Gewährleistungsausschluss durch AGB (Fortsetzung)

- Die **Bedeutung** des **§ 309** im Kaufrecht:
  - Da § 309 bei einem Kaufvertrag, bei dem auf Käuferseite ein Unternehmer steht, keine Anwendung findet, § 310 I, und beim Verbrauchsgüterkauf eine Beschränkung der Gewährleistung weitestgehend nicht möglich ist (§ 476 I), ist der Anwendungsbereich des § 309 im Kaufrecht begrenzt.
  - Obwohl § 309 bei einem Kauf durch einen Unternehmer keine Anwendung findet, sind die dort getroffenen **Wertungen** i.R.d. § 307 zu berücksichtigen.
  - Verkauft ein Verbraucher an einen anderen Verbraucher eine (neue) Sache unter Verwendung von AGB (z.B. Internethandel), so unterliegen diese der Inhaltskontrolle nach §§ 309–307.
  - Bedeutung hat § 309 insbes. bei notariellen Kaufverträgen über **Grundstücke** und **Häuser** (kein Verbrauchsgüterkauf, da eine unbewegliche Sache verkauft wird), bei Kfz-Kaufverträgen von Privat an Privat und bei über eBay geschlossenen „Kaufverträgen" zwischen Verbrauchern.
- Die Unwirksamkeit des Gewährleistungsausschlusses nach **§ 309 Nr. 7, 8a)** gilt für alle nach den obigen Kriterien überprüfbaren AGB, **§ 309 Nr. 8b)** hingegen nur bei der **Lieferung neu hergestellter Sachen**.
- Gem. **§ 307 I 1** sind AGB unwirksam, wenn sie den Vertragspartner entgegen dem Gebot von Treu und Glauben unangemessen benachteiligen. Wann eine **unangemessene Benachteiligung** vorliegt, ergibt sich aus § 307 I 2, II.

  Nach **§ 307 I 2** kann sich eine unangemessene Benachteiligung auch daraus ergeben, dass die Bestimmung **nicht klar und verständlich** ist. Das sog. **Transparenzgebot** verpflichtet den Verwender, seine AGB so zu gestalten, dass der Durchschnittsbürger in der Lage ist, die ihn benachteiligenden Wirkungen einer Klausel ohne Einholung von Rechtsrat zu erkennen.

Ausschluss der Gewährleistungsansprüche (3)

Gewährleistungsausschluss gem. §§ 442, 445

Die Gewährleistung ist gem. **§ 442** ausgeschlossen, wenn der Käufer bei Vertragsschluss den Mangel **kennt**. Bei **grob fahrlässiger Unkenntnis** (**§ 442**) sowie beim Verkauf einer Sache in einer **öffentlichen Versteigerung als Pfand** (**§ 445**) kann der Käufer Rechte wegen des Mangels nur geltend machen, wenn der Verkäufer den Mangel arglistig verschwiegen (🗗 44) oder eine Garantie für die Beschaffenheit der Sache übernommen hat.

⚠ Gem. **§ 475 III 2** findet § 445 beim **Verbrauchsgüterkauf** keine Anwendung.

⚠ Zudem muss der Verkauf in einer **öffentlichen Versteigerung** aufgrund eines **wirksamen Pfandrechts** und unter der Bezeichnung als Pfand erfolgt sein. Die Regelung greift daher weder beim Selbsthilfeverkauf nach §§ 383, 373 HGB noch beim freihändigen Verkauf gem. § 1221.

Haftungsausschluss gem. § 377 HGB

Kommt der Käufer bei einem **beiderseitigen Handelskauf** seiner Untersuchungs- und Rügepflicht nicht nach, verliert er seine Gewährleistungsansprüche. Es handelt sich nicht um eine Pflicht, sondern um eine Obliegenheit.

- Die **Rügepflicht** entsteht mit **Ablieferung der Ware**. Dem Käufer oder einem von ihm benannten Dritten muss die Sache so zugänglich gemacht worden sein, dass er sie auf ihre Beschaffenheit prüfen konnte.
- Der Käufer muss die Ware **unverzüglich nach der Ablieferung**, soweit dies im ordnungsgemäßen Geschäftsgang tunlich ist, **untersuchen** und eventuelle Mängel dem Verkäufer **unverzüglich anzeigen**. Haften der Sache **nicht erkennbare** (**versteckte**) **Mängel** an, so muss der Käufer unverzüglich nach der späteren Entdeckung des Mangels dem Verkäufer diesen anzeigen.
- Verletzt der Käufer die Untersuchungs- und Rügepflicht, so gilt die Ware als **genehmigt**.
- Dies gilt nicht bei Arglist des Verkäufers, § 377 V HGB.

Haftungsausschluss gem. § 242

Der Gewährleistungsanspruch kann gem. § 242 ausgeschlossen sein, wenn der Käufer **vertragsuntreu** ist.

🔍 Der Käufer erklärt ungerechtfertigt die Anfechtung.

Verjährung (1)

Verjährung der Mängelansprüche, § 438

§ 438 regelt die Verjährung der in § 437 genannten Ansprüche auf **Nacherfüllung, Schadensersatz** oder Ersatz der **vergeblichen Aufwendungen**. In § 438 IV wird für das Rücktrittsrecht und in § 438 V für das Minderungsrecht auf **§ 218** verwiesen. Danach ist der **Rücktritt** bzw. die **Minderung unwirksam**, wenn der Anspruch auf die Nacherfüllung verjährt ist.

Wirkung der Verjährung: Gem. § 214 gibt die Verjährung dem Schuldner das Recht, die Leistung zu verweigern. Die Verjährung wird im Prozess nur berücksichtigt, wenn sich der Verkäufer darauf beruft (Einrede).

Gesetzliche Verjährungsfristen

Regelmäßige Verjährungsfrist, § 438 I Nr. 3

Gem. § 438 I Nr. 3 verjähren Gewährleistungsrechte wegen eines Sach- oder Rechtsmangels, soweit keine Sondervorschriften eingreifen, grds. in **zwei Jahren**.

- **Beginn der Verjährung**
  - Nach § 438 II beginnt die Verjährung bei Grundstücken mit der Übergabe und im Übrigen mit der **Ablieferung der Sache**.
  - Die Ablieferung setzt voraus, dass der Verkäufer in Erfüllung des Kaufvertrags die Sache dem Käufer so überlassen hat, dass dieser sie untersuchen kann.
    Hat der Verkäufer es übernommen, die Kaufsache einzubauen oder aufzustellen, so beginnt die Verjährungsfrist erst mit Abschluss des Einbaus bzw. der Aufstellung.
- Die Verjährung beginnt mit Ablieferung der Sache, **unabhängig** davon, **ob** der **Mangel erkennbar** war.
- Da bei **Arglist** des Verkäufers die regelmäßige Verjährungsfrist gilt, § 438 III 1, richtet sich in diesem Fall der Verjährungsbeginn nach **§ 199**.

Gesetzliche Verjährungsfristen (Fortsetzung)

Sonderregeln für die Verjährung, § 438 I Nr. 1 u. Nr. 2

- Gem. **§ 438 I Nr. 1a)** verjähren Ansprüche wegen eines Mangels, der in einem **dinglichen Recht** eines Dritten besteht, aufgrund dessen Herausgabe verlangt werden kann, in **30 Jahren**.

  ⚠ Diese Sonderregelung für die Verjährung beruht darauf, dass der Herausgabeanspruch des Eigentümers gem. § 197 I Nr. 1 in 30 Jahren verjährt. Ohne den durch § 438 I Nr. 1a) herbeigeführten Fristenausgleich müsste der Käufer einer gestohlenen Sache ansonsten das Risiko tragen, dass seine Ansprüche gegen den Verkäufer mit Ablauf der zweijährigen Frist nach § 438 I Nr. 3 verjähren, er jedoch noch weitere 28 Jahre den Herausgabeansprüchen des Eigentümers ausgesetzt ist.

- Die 30-jährige Verjährung gilt ebenfalls für den Fall, dass der Mangel der Kaufsache darauf beruht, dass ein sonstiges **Recht im Grundbuch** eingetragen ist, **§ 438 I Nr. 1b)**.

  ⚠ Ohne diese Sonderregelung bestünde die Gefahr, dass bei einer Verzögerung der Eigentumsumschreibung (erforderliche Unterlagen wie Erbschein sind unauffindbar; Streit mit dem Finanzamt über die Höhe der Grunderwerbsteuer) der Anspruch des Käufers auf Mangelbeseitigung bereits verjährt ist, ohne dass er Kenntnis von der Belastung hatte.

- Nach **§ 438 I Nr. 2a)** verjähren Ansprüche des Käufers bei einem Bauwerk in **fünf Jahren**.

  ⚠ Mit dieser Vorschrift wird ein verjährungsrechtlicher Gleichklang zwischen der kaufrechtlichen und der werkvertraglichen Verjährung für Mängelansprüche bei Bauwerken herbeigeführt. Es wird nicht mehr differenziert, ob das Bauwerk alt oder neu ist.

Sonderregeln für die Verjährung, § 438 I Nr. 1 u. Nr. 2 (Fortsetzung)

- Nach **§ 438 I Nr. 2b)** beträgt die Verjährung beim Kauf von **mangelhaftem Baumaterial**, wenn dieses die Mangelhaftigkeit des Bauwerks verursacht, ebenfalls **fünf Jahre**.

  ⚠ Die Regelung beruht darauf, dass der Bauhandwerker, der mangelhaftes Baumaterial kauft und den Ansprüchen des Bestellers fünf Jahre ausgesetzt ist (§ 634a I Nr. 2), seinerseits Regress nehmen können soll.

Sonderregelung für den Fall der Arglist, § 438 III 1

- Danach verjähren beim **arglistigen Verschweigen des Mangels** die Gewährleistungsansprüche von Abs. 1 Nr. 2 u. 3 und Abs. 2 in der **regelmäßigen Verjährungsfrist des § 195** (**3 Jahre**).

  Die regelmäßige Verjährungsfrist beginnt gem. § 199 am **Schluss des Jahres**, in dem der Anspruch entstanden ist und der Gläubiger von den anspruchsbegründenden Umständen und der Person des Schuldners Kenntnis erlangt hat oder ohne grobe Fahrlässigkeit Kenntnis erlangt haben müsste. Dies könnte dazu führen, dass die lange Frist des § 438 I Nr. 2 (fünf Jahre) verkürzt wird. Um dies zu verhindern, regelt § 438 III 2, dass der Ablauf der regelmäßigen Verjährungsfrist nicht vor dem Ablauf der Frist des Abs. 1 Nr. 2 eintritt.

Änderung der Verjährungsfrist durch Neubeginn oder Hemmung

- Bei einem **Neubeginn** beginnt die Verjährungsfrist erneut in voller Länge zu laufen, § 212. Hierzu kommt es im Fall des **Anerkenntnisses des Schuldners** (§ 212 I Nr. 1) oder bei Beantragung bzw. Vornahme einer gerichtlichen oder behördlichen Vollstreckungshandlung (§ 212 I Nr. 2).

Verjährung (4)

Änderung der Verjährungsfrist durch Neubeginn oder Hemmung (Fortsetzung)

- Die **Hemmung** der Verjährungsfrist bewirkt gem. § 209, dass die Frist angehalten wird, bis der Hemmungsgrund entfallen ist. Zur Hemmung der Verjährung führen insbes. die **Rechtsverfolgungsmaßnahmen** des § 204.

  ⚠ Fraglich ist, welche Auswirkungen die **Nachbesserung** auf die Verjährung hat. Ein Reparaturversuch kann als **Anerkenntnis** „in anderer Weise" zu werten sein mit der Folge des Neubeginns der Verjährung (§ 212 I Nr. 1). Andererseits kann die Reparatur nur als **Verhandlung** i.S.v. § 203 anzusehen sein, sodass die Verjährung gehemmt ist. Entscheidend sind nach h.M. die Umstände des Einzelfalls, wobei das Anerkenntnis nicht der Regelfall ist.

Rechtsgeschäftliche Abänderung der gesetzlichen Verjährungsfrist

- Die **Verlängerung** der Verjährungsfrist ist durch Vereinbarung der Parteien bis zu einer maximalen Frist von 30 Jahren möglich, § 202 II.
- **Verkürzung** der Verjährungsfrist:
  - Durch **Individualvereinbarung** kann die Verjährungsfrist grds. verkürzt werden. Eine solche Vereinbarung ist jedoch unwirksam, wenn der Verkäufer den Mangel kennt, **§ 202 I**.
  - In den **AGB** ist eine Verkürzung auf ein Jahr beim Verkauf neuer Sachen zulässig, **§ 309 Nr. 8b) ff)**.
  - Beim **Verbrauchsgüterkauf** darf die Verjährungsfrist durch Individualvereinbarung oder AGB für alle Ansprüche außer Schadensersatzansprüche (§ 476 III) beim Kauf neuer Sachen nur auf zwei Jahre, bei gebrauchten Sachen nur auf ein Jahr verkürzt werden, **§ 476 II**.

Verhältnis der Rechte des § 437 untereinander und zu den übrigen Vorschriften (1)

Verhältnis der Gewährleistungsansprüche untereinander

Nacherfüllungsanspruch, § 437 Nr. 1

Im Vordergrund der kaufrechtlichen Gewährleistung steht der Nacherfüllungsanspruch aus §§ 437 Nr. 1, 439. Danach kann der **Käufer nach seiner Wahl** Beseitigung des Mangels oder Lieferung einer mangelfreien Sache verlangen. Dieses Verhältnis besteht i.S.d. **elektiven Konkurrenz** und nicht i.S.e. Wahlschuld. Hat der Käufer seine Wahl getroffen, so kann er grds. zwischen den Rechten wechseln, ohne dass eine Bindungswirkung eintritt.

Die **übrigen Gewährleistungsrechte** kann der Käufer grds. erst geltend machen, wenn er dem Verkäufer eine angemessene **Frist zur Nacherfüllung** gesetzt hat oder diese entbehrlich ist.

Rücktritt

Nach Ablauf der dem Verkäufer gesetzten Frist (bzw. bei deren Entbehrlichkeit) kann der Käufer weiterhin Nacherfüllung verlangen. Er ist nicht verpflichtet, zurückzutreten. Entscheidet er sich für die Erfüllung, bleibt er gleichwohl berechtigt, vom Kaufvertrag zurückzutreten oder Schadensersatz zu fordern. Der **Nacherfüllungsanspruch** ist **ausgeschlossen, wenn der Käufer zurücktritt** (§ 323 I), weil sich dann das Schuldverhältnis in ein Rückgewährschuldverhältnis verwandelt, oder wenn er Schadensersatz statt der Leistung verlangt, da dann der Anspruch auf Erfüllung ausgeschlossen ist (§ 281 IV).

Verhältnis der Rechte des § 437 untereinander und zu den übrigen Vorschriften (2)

Verhältnis der Gewährleistungsansprüche untereinander (Fortsetzung)

Minderung

Anstatt zurückzutreten kann der Käufer den Kaufpreis mindern, **§ 441**. Für die Minderung müssen also die Voraussetzungen des Rücktritts vorliegen.

Schadensersatz

Schadensersatz kann **neben dem Rücktritt geltend** gemacht werden, **§ 325**. Für einen Schadensersatzanspruch ist nicht nur der Ablauf der angemessenen Frist erforderlich, sondern auch, dass der Verkäufer das Ausbleiben der Nacherfüllung zu vertreten hat, § 280 I 2. Nach einer wirksamen Minderung kann der Käufer nicht Schadensersatz statt der ganzen Leistung verlangen.

Bei einem Schadensersatzanspruch statt der Leistung ist zu unterscheiden:

- War der Mangel **von Anfang** an unbehebbar, so ist **§ 311a** lex specialis.
- Wird der Mangel **im Nachhinein** unbehebbar, so ergibt sich der Schadensersatzanspruch aus §§ 437 Nr. 3, 280 I u. III, **283**.
- Ist der Mangel **behebbar** und liefert der Verkäufer nach Fristsetzung nicht, so ergibt sich der Schadensersatzanspruch aus §§ 437 Nr. 3, 280 I u. III, **281**.

Verhältnis der Rechte des § 437 untereinander und zu den übrigen Vorschriften (3)

Verhältnis der Gewährleistungsansprüche untereinander (Fortsetzung)

Schadensersatz neben der Leistung

- Befindet sich der **Verkäufer in Verzug**, so ergibt sich der Anspruch auf Ersatz des Verzögerungsschadens aus §§ 437 Nr. 3, 280 I u. II, 286.

  Tritt der Käufer zurück und verlangt Schadensersatz statt der Leistung gem. § 281 I, so endet der Verzug, da der **Nacherfüllungsanspruch ausgeschlossen** ist (§ 281 IV). Ist der Mangel unbehebbar, so scheidet ein Verzug mit der Nacherfüllung aus, da der Anspruch auf Nacherfüllung ausgeschlossen ist, § 275 I.
- Der Schadensersatzanspruch aus **§§ 437 Nr. 3, 280 I** tritt **neben** den **Anspruch auf Nacherfüllung** und neben den Schadensersatzanspruch statt der Leistung, wenn infolge des Mangels ein Schaden entstanden ist.

Aufwendungsersatz, § 284

Der Aufwendungsersatz gem. § 284 tritt „**anstelle**“ **des Schadensersatzes statt der Leistung**. Der einfache Schadensersatzanspruch aus §§ 437 Nr. 3, 280 I kann neben dem Aufwendungsersatzanspruch aus § 284 geltend gemacht werden.

Verhältnis der Rechte des § 437 untereinander und zu den übrigen Vorschriften (4)

Verhältnis zu den Anfechtungsregeln

§ 119 II

- Greifen die **Gewährleistungsvorschriften tatbestandsmäßig** ein, ist also ein Mangel bei Gefahrübergang gegeben, kann der Käufer nicht mehr nach § 119 II wegen Irrtums über eine verkehrswesentliche Eigenschaft der Sache anfechten. Das **Mängelgewährleistungsrecht** ist **abschließende Sonderregelung**. Dies gilt sowohl für Sachmängel als auch für Rechtsmängel. Die Anwendung des § 119 II würde dazu führen, dass die Mängelgewährleistung des Kaufrechts ausgehebelt würde:
  - Die Verjährungsfrist des § 438 hätte keine Bedeutung mehr, da eine Anfechtungsmöglichkeit zehn Jahre besteht, § 121.
  - Die Rückabwicklung würde sich nach § 812 I 1 Alt. 1 richten und nicht nach §§ 346 f.
  - Die Gewährleistung ist bei grob fahrlässiger Unkenntnis des Mangels grds. ausgeschlossen (§ 442), die Anfechtung hingegen nicht.
  - Ein Anfechtungsrecht stünde dem Käufer sofort zu, ohne dass er dem Verkäufer zuvor eine Frist zur Mängelbeseitigung gesetzt haben müsste. Dies verstößt gegen die Wertung der §§ 437 Nr. 2, 323 I, da eine Lösung von den Primärleistungspflichten durch Rücktritt erst nach einer Fristsetzung möglich ist. Das Nachlieferungsrecht des Verkäufers würde also unterlaufen.
- Nach h.M. ist **§ 119 II erst ab Gefahrübergang ausgeschlossen** und nicht schon ab Vertragsschluss. Hierfür spricht, dass das Mängelgewährleistungsrecht den Mangel bei Gefahrübergang voraussetzt, also vor Gefahrübergang noch gar keine kaufrechtlichen Ansprüche möglich sind.
- Hat sich der Verkäufer über eine verkehrswesentliche Eigenschaft der Sache geirrt (z.B. Herkunft des Bildes), so kann er nach § 119 II anfechten. Dies gilt jedoch **nicht, wenn** er sich hierdurch seiner **Gewährleistung** gegenüber dem Käufer **entziehen** will.

Verhältnis der Rechte des § 437 untereinander und zu den übrigen Vorschriften (5)

Verhältnis zu den Anfechtungsregeln (Fortsetzung)

§ 119 II (Fortsetzung)

- Streitig ist, ob eine Anfechtung gem. § 119 II möglich ist, wenn sich beide Parteien über eine **verkehrswesentliche Eigenschaft** irren (**sog. Doppelirrtum**). Nach h.M. sind vorrangig die Grundsätze über die Störung der Geschäftsgrundlage (§ 313) anzuwenden. Nach einer im Vordringen befindlichen Auffassung ist die Anfechtung jedoch nicht ausgeschlossen, da es nicht unbillig sei, denjenigen, der die Anfechtung erklärt, mit einer Schadensersatzpflicht aus § 122 zu belasten.

§ 119 I

Eine Anfechtung wegen eines **Inhalts- oder Erklärungsirrtums** nach § 119 I durch den Käufer ist **auch nach Gefahrübergang noch möglich**. Konkurrenzprobleme zum Gewährleistungsrecht entstehen nicht, da Fehler bei der Willensbildung nicht vom Gewährleistungsrecht umfasst sind.

§ 123 I

Hat der Verkäufer den **Mangel arglistig verschwiegen**, so hat der Käufer ein **Wahlrecht**, ob er nach § 123 I **anficht oder** die **Gewährleistungsrechte** geltend macht. Erklärt er die Anfechtung, so hat der Käufer keine Gewährleistungsansprüche mehr, da diese einen wirksamen Vertrag voraussetzen.

Verhältnis der Rechte des § 437 untereinander und zu den übrigen Vorschriften (6)

Verhältnis zu den Anfechtungsregeln (Fortsetzung)

Anfechtungsrecht des Käufers nach § 123 I

- Die Anfechtung hat binnen **Jahresfrist** zu erfolgen, **§ 124**.
- Erklärt der Käufer die Anfechtung berechtigterweise nach § 123 I, so hat er einen Schadensersatzanspruch gem. **§§ 311 II, 241 II, 280 I**. Streitig ist, ob dieser Schadensersatzanspruch auch auf Vertragsauflösung gerichtet sein kann. Diese Frage ist von Bedeutung, wenn die Anfechtungsfrist des § 124 verstrichen ist. Die h.M. bejaht einen solchen Anspruch, da die Grundsätze aus c.i.c. einen anderen Schutzzweck besitzen als die Anfechtungsregeln. Die Anfechtung schützt die freie Selbstbestimmung auf rechtsgeschäftlichem Gebiet gegen unerlaubte Mittel der Willensbeeinflussung, und zwar unabhängig vom Eintritt des Schadens, während der Anspruch aus c.i.c. auf Rückgängigmachung des Vertrags den Eintritt eines Schadens voraussetzt.
- Im Falle der Anfechtung richtet sich die **Rückabwicklung** nach **§ 812 I 1 Alt. 1**. Dabei ist zu beachten, dass nach h.M. die Saldotheorie zulasten des arglistig Getäuschten nicht anwendbar ist.

Erklärt der Käufer die Anfechtung nicht, sondern macht Gewährleistungsansprüche geltend, so hat dies folgende Auswirkungen:

Verhältnis der Rechte des § 437 untereinander und zu den übrigen Vorschriften (7)

Auswirkungen der Arglist auf die Gewährleistungsansprüche

- Der Käufer kann **ohne Fristsetzung** vom Vertrag zurücktreten und Schadensersatz statt der Leistung verlangen.
- Die Pflichtverletzung ist **nicht unerheblich** (§ 323 V 2; § 281 I 3).
- Da Arglist Vorsatz voraussetzt, kann sich der Verkäufer im Falle der Arglist **nicht entlasten**, § 280 I 2.
- Auswirkungen der Arglist auf den **Gewährleistungsausschluss**:
  - Nach **§ 442** ist die Gewährleistung trotz grob fahrlässiger Unkenntnis des Käufers vom Mangel nicht ausgeschlossen.
  - Nach **§ 444** ist eine Vereinbarung, die die Gewährleistung ausschließt oder beschränkt, unwirksam.
  - Nach **§ 445** greift die gesetzliche Haftungsbeschränkung bei öffentlicher Pfandversteigerung nicht ein.
  - Hat beim beiderseitigen Handelskauf der Käufer seine Untersuchungs- und Rügepflichten gem. § 377 HGB verletzt, so kann sich der Verkäufer im Falle der Arglist nicht darauf berufen, § 377 V HGB.
- Die Gewährleistungsansprüche **verjähren** im Falle der Arglist gem. **§ 438 III** innerhalb der regelmäßigen Verjährungsfrist.
- **Streitig** ist, ob der Käufer zu dem Schadensersatzanspruch wegen eines Mangels gem. §§ 437 Nr. 3, 280 I zusätzlich noch einen Schadensersatzanspruch aus §§ 311 II, 241 II, 280 I hat (🗗 61).
- Erleidet der Käufer infolge der Arglist einen Schaden, kann ihm auch ein Schadensersatzanspruch aus **§ 823 II** i.V.m. **§ 263 StGB** und **§ 826** zustehen.

Verhältnis der Rechte des § 437 untereinander und zu den übrigen Vorschriften (8)

Voraussetzungen des arglistigen Verschweigens oder Vorspiegelns

- **Verschweigen eines Mangels**

  Ein Mangel wird arglistig verschwiegen, wenn der Verkäufer eine bestehende **Aufklärungspflicht objektiv verletzt** hat. Eine Aufklärungspflicht besteht nach Treu und Glauben nur hinsichtlich solcher Umstände, die für die Entschließung des Käufers offensichtlich von Bedeutung sind und deren Mitteilung er nach der **Verkehrsauffassung** erwarten darf.

- **Arglist des Verkäufers**

  Arglistig handelt derjenige Verkäufer, der einen **Mangel zumindest für möglich hält**, gleichzeitig weiß, damit rechnet oder billigend in Kauf nimmt, dass der Käufer den Mangel nicht kennt und bei dessen Offenbarung den Kaufvertrag zumindest nicht mit dem Inhalt abschließen würde. Es ist zumindest bedingter Vorsatz notwendig.

  Der Verkäufer macht auf Nachfragen des Käufers über wesentliche Punkte ohne tatsächliche Grundlage **Angaben „ins Blaue hinein“**.

- **Arglistiges Vorspiegeln einer nicht vorhandenen Eigenschaft**

  Der Gesetzeswortlaut geht in den §§ 442, 444, 445 und § 377 V HGB vom arglistigen Verschweigen eines Mangels aus. Aber auch ein **arglistiges Vorspiegeln** einer nicht vorhandenen Eigenschaft fällt unter diese Vorschriften.

Verhältnis der Gewährleistung zu den allgemeinen Regeln der Leistungsstörung

Soweit **ein Mangel vorliegt**, sind die allgemeinen **Regeln über Leistungsstörungen** nach ganz h.M. neben den Gewährleistungsansprüchen des Kaufrechts **nicht anwendbar**. Eine Ausnahme ist nach der Rspr. im Falle der Arglist des Verkäufers geboten, da in diesem Fall nicht die Gefahr besteht, dass kaufrechtliche Sonderregeln umgangen werden und außerdem der arglistig Handelnde nicht schutzwürdig ist.

- Hat der Verkäufer bei Vertragsschluss vorsätzlich oder fahrlässig einen **anfänglichen unbehebbaren Mangel verschwiegen**, so haftet er auf Schadensersatz statt der Leistung nach §§ 437 Nr. 3, 311a II. Die Information des Käufers über die wahre Beschaffenheit der Kaufsache ist Bestandteil der Leistungspflicht.
- Bei vorsätzlichen oder fahrlässigen Falschangaben hinsichtlich **behebbarer Mängel** besteht ein Schadensersatzanspruch statt der Leistung aus §§ 437 Nr. 3, 280 I u. III, 281, sofern der Verkäufer die unterlassene Nacherfüllung zu vertreten hat.
- Ein Anspruch nach den allgemeinen Regeln der Leistungsstörung kann gegeben sein, wenn eine Pflichtverletzung vorliegt, die **nicht** in der **Lieferung einer mangelhaften Sache** liegt.
- Hat der Verkäufer **schuldhaft falsche Angaben** über nicht mangelbegründende Umstände gemacht, so haftet er wegen Verletzung der Beratungs- und Aufklärungspflicht nach §§ 311 II, 241 II, 280 I.
- Hat der Verkäufer ausdrücklich oder konkludent eine **Beratungspflicht** übernommen, so kann ihn die Haftung nach allgemeinen Regeln neben etwaigen Gewährleistungsansprüchen treffen.

Störung der Geschäftsgrundlage (§ 313)

Liegt ein Mangel vor, so sind die **Gewährleistungsregeln abschließende Sonderregelung**. Werden Angaben über künftige Eigenschaften der Kaufsache gemacht (🔍 das Grundstück soll Bauland werden) und treffen diese nicht zu, liegt kein Mangel bei Gefahrübergang vor und die Regeln der Störung der Geschäftsgrundlage finden Anwendung.

Verhältnis der Gewährleistungsregeln zu §§ 823 ff.

Es besteht eine Anspruchskonkurrenz mit der Folge, dass Ansprüche aus **Vertragsrecht und Deliktsrecht nebeneinander bestehen**. Jeder Anspruch ist nach seinen Voraussetzungen, seinem Inhalt und der Durchsetzbarkeit selbstständig zu beurteilen.

Allein in der **Lieferung einer mangelhaften Sache** liegt **noch keine Eigentumsverletzung**, denn der Käufer erwirbt von vornherein nur das Eigentum an der mangelhaften Sache. Anders ist es, wenn sich die Mangelhaftigkeit der gekauften Sache nur auf einen Teilbereich beschränkt, dann aber nach Erwerb der Sache der Mangel sich auf weitere Teile ausdehnt, wenn also ein sog. „**weiterfressender Mangel**" vorliegt.

Nach der Rspr. ist das **Äquivalenzinteresse** betroffen und damit allein das Gewährleistungsrecht anwendbar, wenn der Mangel und Schaden **stoffgleich** sind. Hingegen ist es Aufgabe des Deliktsrechts, das Integritätsinteresse des Käufers zu schützen, sodass bei fehlender Stoffgleichheit eine Eigentumsverletzung vorliegt und das Deliktsrecht neben dem Gewährleistungsrecht anwendbar ist.

⚠ Der Schadensersatzanspruch aus § 823 I führt neben den gewährleistungsrechtlichen Schadensersatzansprüchen dann zu unterschiedlichen Ergebnissen, wenn die **Verjährungsfrist des § 438 abgelaufen** ist (für §§ 823 ff. gilt § 195) oder die Rügepflicht des § 377 HGB verletzt worden ist, da diese Vorschrift nach h.M. für deliktische Ansprüche nicht gilt.

Garantieübernahme, § 443 (1)

Eine Garantie ist eine vertragliche Vereinbarung, durch die die **Rechte des Käufers** wegen Mängeln im Vergleich zu den gesetzlichen Rechten **verstärkt** werden.

Arten von Garantien

Bei den Garantien wird üblicherweise nach der **Person des Garantiegebers** zwischen Hersteller- und Verkäufergarantien, nach dem **Inhalt der Garantieerklärung** zwischen Beschaffenheits- und Haltbarkeitsgarantien und nach der Abhängigkeit von gesetzlichen Mängelrechten zwischen **selbstständigen** und **unselbstständigen Garantien** differenziert.

Beschaffenheits-/Haltbarkeitsgarantien

- Für die **Haltbarkeitsgarantie** enthält **§ 443 II** eine Legaldefinition. Sie ist eine „Garantie" dafür, dass die Sache für eine bestimmte Dauer eine bestimmte Beschaffenheit behält.

  Wird eine Haltbarkeitsgarantie übernommen, so gilt die **Vermutung**, dass ein während der Geltungsdauer auftretender Sachmangel bereits bei Gefahrübergang vorhanden war und damit die Rechte aus der Garantie begründet (Umkehr der Beweislast), **§ 443 II**.
- Eine **Beschaffenheitsgarantie** bezieht sich auf eine bestimmte Beschaffenheit einer Sache, und zwar regelmäßig **im Zeitpunkt des Gefahrübergangs**. Ihre Bedeutung kann vor allem darin bestehen, dass der Verkäufer für eine vereinbarte Beschaffenheit verschuldensunabhängig einstehen will (§ 276 I 1). Der maßgebliche Zeitpunkt kann auch der Vertragsschluss sein.
  - ➲ Die Beschaffenheitsgarantie des Verkäufers setzt voraus, dass er in **vertragsmäßig bindender Weise** die Gewähr für die vereinbarte Beschaffenheit übernimmt und zu erkennen gibt, dass er für die Folgen des Fehlens einstehen will.

Garantieübernahme, § 443 (2)

Selbstständige/Unselbstständige Garantien

Üblicherweise wird zwischen selbstständigen und unselbstständigen Garantien differenziert.

- Die **unselbstständigen Garantien** modifizieren die kaufrechtliche Gewährleistung zugunsten des Käufers. Es handelt sich dabei um eine Erweiterung der gesetzlichen Gewährleistungsansprüche.
- Die **selbstständigen Garantien** schaffen hingegen eine eigene Haftung außerhalb der kaufrechtlichen Gewährleistung. Es kommt ein vom Kaufvertrag zu unterscheidender Garantievertrag zustande (§ 443).
- Mit ausschlaggebend für die Beurteilung der Frage, was für eine Art der Garantie vorliegt, ist dabei die **Person** des **Garantiegebers**.

Verkäufer-/Herstellergarantien

Herstellergarantie (bzw. Garantie eines Dritten)

Die Garantie eines Herstellers oder Garantie eines Dritten kann nur eine **selbstständige Garantie** sein, da ihn – jedenfalls, wenn er nicht zugleich auch Verkäufer ist – keine unmittelbaren Gewährleistungsansprüche gem. § 437 treffen.

Die **Herstellergarantie** ist eine **selbstständige Garantie** und tritt **neben** die gesetzliche Haftung des Verkäufers für Sachmängel. Der Verkäufer kann sich seiner Verpflichtung aus Sachmängelgewährleistung nicht dadurch entziehen, dass er auf den Hersteller verweist. Auf die Herstellergarantie sind jedoch die Bestimmungen der unselbstständigen Garantie mangels abweichender Vereinbarung anwendbar. § 443 gilt sowohl für die Verkäufer- als auch für die Herstellergarantie.

- Zeigt sich also **innerhalb der Garantiezeit** ein Mangel, so wird vermutet, dass er bereits bei Gefahrübergang vorlag.
- Übernimmt der Hersteller eine Beschaffenheitsgarantie, haftet er gem. § 276 I 1 **verschuldensunabhängig** auf Schadensersatz.

Garantieübernahme, § 443 (3)

Herstellergarantie (bzw. Garantie eines Dritten) (Fortsetzung)

- Rechte des Käufers ergeben sich aus der **Garantieerklärung**, im Zweifel stehen ihm die gesetzlichen Rechte gem. § 437 zu (damit besteht ein Nacherfüllungsanspruch; Minderung bzw. Rücktritt haben keine praktische Bedeutung, da mit dem Hersteller kein Kaufvertrag besteht, von dem der Käufer zurücktreten könnte).
- Grds. richtet sich die **Verjährung** der selbstständigen Garantie nach **§ 195**. Mit Rücksicht darauf, dass die Herstellergarantie die Rechte des Käufers bei einem Mangel verstärken soll, erscheint die analoge Anwendung von § 438 angemessener.
- **Erfüllt** der Garantiegeber seine **Garantieverpflichtungen nicht**, gilt allg. Schuldrecht (der Garantienehmer kann z.B. nach Fristsetzung Schadensersatz verlangen und die Sache von einem Dritten reparieren lassen).

Garantie des Verkäufers

Der Verkäufer haftet demgegenüber unmittelbar nach § 437 für Sachmängel. Ob er eine selbstständige oder unselbstständige Garantie übernehmen will, muss daher durch Auslegung ermittelt werden. Im Zweifel ist davon auszugehen, dass keine selbstständige Garantie vorliegt. Nur wenn sich die Garantie auf Umstände bezieht, die über die **Mangelfreiheit** hinausgehen, neben der vertragsgemäßen Erfüllung also ein zusätzlicher Erfolg geschuldet wird, handelt es sich bei der Verkäufergarantie um eine selbstständige Garantie.

Der Verkäufer einer Maschine verspricht, diese durch ein anderes Modell zu ersetzen, wenn sie nicht eine bestimmte, vom Verkäufer geschuldete Aufgabe bewältigt.

- **Haltbarkeitsgarantie, § 443** (i.d.R. unselbstständig)
  Bei der Haltbarkeitsgarantie sagt der Verkäufer zu, dass die Kaufsache während eines bestimmten Zeitraums oder einer bestimmten Nutzungsdauer (z.B. die Kilometerleistung eines Kfz) **sachmängelfrei bleibt**.

Garantieübernahme, § 443 (4)

Garantie des Verkäufers (Fortsetzung)

- Wird eine Haltbarkeitsgarantie übernommen, so gilt die **Vermutung**, dass ein während der Geltungsdauer auftretender Sachmangel bereits **bei Gefahrübergang** vorhanden war und damit die Rechte aus der Garantie begründet (**Umkehr der Beweislast**), § 443 II.

  Der Umfang der Rechte ergibt sich aus der Garantieerklärung; ist dort nichts bestimmt, stehen dem Käufer die vollen gesetzlichen Gewährleistungsrechte zu.

- Die Geltendmachung der Rechte aus der Garantie kann – anders als bei Gewährleistungsrechten – **an beliebige Voraussetzungen geknüpft** werden (rechtzeitige Mängelanzeige, regelmäßige Wartung durch den Verkäufer).

- Eine Haltbarkeitsgarantie ist **nicht zugleich** Garantie i.S.v. § 276 I 1, da ein Verkäufer i.d.R. nicht verschuldensunabhängig auf Schadensersatz haften will.
  Etwas anderes kann bei der Beschaffenheitsgarantie gelten.

- Auch die §§ 442 I, 444 setzen das Bestehen einer Beschaffenheitsgarantie voraus.

- Umstritten sind **Verjährungsfrist** und **Verjährungsbeginn**.
  - Zum Teil wird angenommen, dass § 438 auf Ansprüche aus § 443 nicht anwendbar ist, sodass die Regelverjährung gem. § 195 gilt; nach a.A. richtet sich die Verjährung bei einer unselbstständigen Garantie nach § 438 (analog).
  - Teilweise wird angenommen, die Verjährung beginne erst mit **Mangelentdeckung**;
    nach der Gegenansicht ist nach der Länge der Garantiefrist zu differenzieren:

    Garantiefrist ≤ Verjährungsfrist ⇨ Beginn mit **Ablieferung** der Sache gem. § 438 II

    Garantiefrist > Verjährungsfrist ⇨ Verlängerung der Verjährungsfrist;
    Beginn aber trotzdem mit **Ablieferung** gem. § 438 II

Garantie des Verkäufers (Fortsetzung)

Die **Beschaffenheitsgarantie**: Bei der Beschaffenheitsgarantie steht der Verkäufer für eine bestimmte **Beschaffenheit im Zeitpunkt des Gefahrübergangs** ein.

- Rechte aus der Garantie können **individuell vereinbart** werden; wird kein besonderer Erfolg geschuldet und haftet der Verkäufer nicht für über die Mängelfreiheit hinausgehende Umstände, hat der Garantienehmer die Rechte aus § 437.
- Bei Beschaffenheitsgarantie **keine Beweislastumkehr i.S.v. § 443 II**

  ⚠ Beschaffenheits- und Haltbarkeitsgarantie können aber kombiniert werden.
- Der Verkäufer haftet nach der Rspr. bei Übernahme einer Beschaffenheitsgarantie gem. § 276 I 1 **verschuldensunabhängig** für den Bestand der Beschaffenheit und alle Folgen ihres Fehlens auf Schadensersatz gem. §§ 437 Nr. 3, 280 ff.
- **Haftungsausschluss** ist gem. **§ 444** unwirksam, wenn im Widerspruch zur Garantie
- Verkäufer kann sich nicht auf **grob fahrlässige Unkenntnis** des Käufers vom Mangel bei Vertragsschluss berufen, § 442 I 2.
- Mangel ist stets **erheblich** i.S.v. §§ 281 I 3 bzw. 323 V 2.
- Für **Verjährungsfrist** und **Verjährungsbeginn** gilt Gleiches wie bei der Haltbarkeitsgarantie des Verkäufers, 🗗 66.

Kauf von Rechten und sonstigen Gegenständen (1)

Nach **§ 453 I 1** finden die **Vorschriften über den Kauf von Sachen** auf den Rechtskauf und den Kauf von sonstigen Gegenständen **entsprechende Anwendung**.

- Beim Kauf von **Software** ist zu differenzieren:
  - Bei nach Wünschen des Kunden angefertigter **Individualsoftware** findet Werkvertragsrecht Anwendung, §§ 631 ff.
  - Bei **Standardsoftware**, die auf einem Datenträger (z.B. CD-ROM) vertrieben wird, finden die Regeln über den Sachkauf Anwendung.
  - Ein **Rechtskauf** liegt hingegen bei Software vor, die über Datennetze (z.B. Internet) vertrieben wird.
- Beim Rechtskauf hat der Verkäufer lediglich für den **Bestand** des Rechts als solchem einzustehen (Verität), hingegen mangels anderslautender Vereinbarung nicht für die **Zahlungsfähigkeit** des Schuldners (Bonität).

Besonderheiten beim Unternehmenskauf

Für den Unternehmenskauf gibt es zwei grds. **verschiedene Gestaltungsformen**. Das Unternehmen kann als Sach- und Rechtsgesamtheit verkauft werden und es können die Geschäftsanteile an einer unternehmenstragenden Gesellschaft veräußert werden. Die Gewährleistungsrechte des Käufers sind zumindest im Ausgangspunkt abhängig von der jeweiligen Übertragungsform.

Nach amerikanischem Vorbild ist es dabei üblich geworden, dass der Käufer eine umfassende Prüfung des gekauften Unternehmens durchführt. Diese sog. **due diligence** hat die Funktion, Gewährleistungsrechte des Käufers durch Beschaffenheitsvereinbarungen und Garantien zu sichern, die mit dem Kauf verbundenen Risiken zu ermitteln und den Wert und den Zustand des Unternehmens zur Beweissicherung zu dokumentieren.

- Führt der Käufer eine due diligence durch, entfallen die Gewährleistungsrechte gem. § 442 I 1, wenn er den Mangel kennt.

Kauf von Rechten und sonstigen Gegenständen (2)

Besonderheiten beim Unternehmenskauf (Fortsetzung)

- **Umstr.** ist, ob eine grob fahrlässig durchgeführte Unternehmensüberprüfung zum Verlust der Gewährleistungsansprüche gem. § 442 I 2 führen kann. Dies wird man verneinen müssen, da der Käufer ggü. dem Verkäufer nicht verpflichtet ist, eine due diligence durchzuführen.
- Handelt es sich bei dem Käufer des Unternehmens um eine AG, ist der **Vorstand** (im Innenverhältnis zur AG) **zur Durchführung** einer due diligence **verpflichtet**.

- **Verkauf des Unternehmens als Sach- und Rechtsgesamtheit** (**asset deal**)
  - **Mängel von Einzelgegenständen** führen dazu, dass Gewährleistungsrechte bzgl. dieser Gegenstände entstehen. Der Käufer kann dann für den konkreten Gegenstand Nacherfüllung verlangen und ggf. den Rücktritt erklären oder den Kaufpreis mindern und einen Schadensersatzanspruch geltend machen.
  - Es kann aber auch das **Unternehmen mangelhaft** sein. Dann bestehen Gewährleistungsrechte in Bezug auf den gesamten Unternehmenskauf.
  - Ob **Ertrag** und **Umsatz** des Unternehmens als **Beschaffenheitsmerkmale** i.S.d. § 434 anzusehen sind und bei Falschangaben die Sachmängelgewährleistung (§ 453 I 1) eingreift, ist umstr. **Kurzfristige** Umsatzzahlen beruhen i.d.R. auch auf dem Einsatz und Geschick des Unternehmers, sodass es sich nicht um Beschaffenheitsmerkmale handelt. Hingegen sagen **langfristige** Umsatz- und Ertragsangaben mehr über die Substanz des Unternehmens aus, sodass eine Beschaffenheitsvereinbarung eher angenommen werden kann.

Kauf von Rechten und sonstigen Gegenständen (3)

Besonderheiten beim Unternehmenskauf (Fortsetzung)

- **Gewährleistung beim Anteilskauf** (**share deal**)
  - Weist das von der **Gesellschaft betriebene Unternehmen Mängel** auf, haftet der Verkäufer dafür grds. nicht nach dem Gewährleistungsrecht, weil ein Mangel des zum Gesellschaftsvermögen gehörenden Unternehmens keinen Mangel des Gesellschaftsanteils selbst darstellt.
  - Der Kauf **sämtlicher** oder **nahezu sämtlicher Gesellschaftsanteile** steht wirtschaftlich dem Kauf des Unternehmens als Sach- und Rechtsgesamtheit gleich. Obwohl es sich um einen Rechtskauf handelt, wird wegen der **wirtschaftlichen Gleichwertigkeit** eine Haftung des Verkäufers für Sach- und Rechtsmängel des im Gesellschaftsvermögen stehenden Unternehmens in gleicher Weise angenommen, als ob das Gesellschaftsvermögen und damit das Unternehmen selbst unmittelbar Kaufgegenstand wäre. Die Vorschriften über die Sachmängelhaftung werden insoweit analog angewandt.

    Der bloße Erwerb von **Mehrheitsanteilen** reicht nach **h.M.** jedoch nicht aus; erforderlich ist der Kauf sämtlicher oder nahezu sämtlicher (jedenfalls mehr als 75 %) Anteile.

Eigentumsvorbehaltskauf, § 449

Kann der Käufer bei Abschluss des Kaufvertrags den **Kaufpreis nicht bezahlen**, kann er mit dem Verkäufer einen **Eigentumsvorbehaltskauf, § 449**, vereinbaren.

- Es wird vereinbart, dass das Eigentum an der geschuldeten beweglichen Sache nicht, wie es in § 433 I bestimmt ist, sofort übertragen werden soll, sondern dass dieses erst nach vollständiger Zahlung des Kaufpreises übergehen soll.

  Der Eigentumsvorbehalt **muss ausdrücklich vereinbart werden**. Dies kann auch durch AGB erfolgen.

- Die **Erfüllung** des Eigentumsvorbehaltskaufs erfolgt gem. **§§ 929, 158 durch bedingte Übereignung**. Der Eigentumsvorbehaltskäufer ist geschützt, denn er erhält ein Anwartschaftsrecht (wesensgleiches Minus zum Eigentum); 🗗 Sachenrecht.

Rechtsfolgen des Eigentumsvorbehaltskaufs

- **Zahlt der Käufer den Kaufpreis nicht**, so kann der Verkäufer nach den allgemeinen Regeln des **§ 323 zurücktreten**, d.h., der Verkäufer muss dem Käufer grds. eine angemessene Frist setzen, in der dieser den Kaufpreis zahlen soll, und diese muss erfolglos abgelaufen sein.

- Ein **Rücktritt** vom Eigentumsvorbehaltskauf ist **auch nach Verjährung der Kaufpreisforderung** noch möglich.

  ⚠ Grds. ist der Rücktritt nach § 218 unwirksam, wenn die Kaufpreisforderung verjährt ist und der Schuldner sich hierauf beruft. Nach § 218 I 3 bleibt jedoch § 216 II 2 unberührt. Danach kann der Rücktritt vom Eigentumsvorbehaltskauf auch noch erfolgen, wenn der gesicherte Anspruch verjährt ist.

Regress des Verkäufers, §§ 445a f. (1)

Anspruch auf Aufwendungsersatz, § 445a I

- Anspruch aus § 445a I gilt nur für **neu hergestellte** Sachen, da es für gebrauchte Sachen i.d.R. keine geschlossenen Vertriebswege gibt.
- Kaufsache muss sowohl im **Verhältnis** zwischen **Lieferanten** und **Letztverkäufer** als auch im Verhältnis zwischen **Letztverkäufer** und **Endkunden** mangelhaft sein. Dazu muss sie bei Gefahrübergang auf den Käufer bzgl. desselben Fehlers einen Mangel aufweisen.
- **Umfang des Ersatzes**

  Nach § 445a I ist nur der Aufwand ersatzfähig, den der (Letzt-)Verkäufer gem.

  - **§ 439 II** (Transport-, Wege-, Arbeits- und Materialkosten) und
  - **§ 439 III** (Aus- und Wiedereinbaukosten bzw. Kosten des Anbringens) und
  - **§ 439 VI 2** (Kosten für Rücknahme der Sache) und
  - **§ 475 IV** (Vorschussverpflichtung gegenüber Verbrauchern)

  zu tragen hatte, also **im Rahmen der Nacherfüllung** gegenüber dem Endkunden angefallen ist.

⚠ Während die Ansprüche aus §§ 439 II, 439 III und § 439 VI 2 stets in Betracht kommen, kann dem Letztverkäufer ein Aufwand nach **§ 475 IV nur** entstehen, wenn er mit dem Endkunden einen **Verbrauchsgüterkaufvertrag** abgeschlossen hat.

Regress des Verkäufers, §§ 445a f. (2)

Entbehrlichkeit der Fristsetzung, § 445a II

- Anders als § 445a I statuiert § 445a II **keine eigenständige Anspruchsgrundlage**, sondern eine Modifikation des Gewährleistungsrechts (sog. unselbstständiger Regress). Nach § 445a II bedarf es für die Geltendmachung der Gewährleistungsrechte des Letztverkäufers gegen seinen Lieferanten aus § 437 Nr. 2 u. 3 einer sonst grds. nach den §§ 323 I, 441 I oder § 281 I erforderlichen Fristsetzung für Rücktritt, Minderung und Schadensersatz nicht.
- § 445a II gilt ebenso wie der Anspruch aus § 445a I nur für den Verkauf **neu hergestellter Sachen**. Erforderlich ist außerdem, dass der Letztverkäufer die Sache zurücknehmen musste oder der Käufer den Kaufpreis gemindert hat. **Rücknahme oder Minderung** muss **Folge der Mangelhaftigkeit** sein und nicht aus Kulanz, aufgrund eines vereinbarten Rücktrittsrechts oder eines Widerrufsrechts nach § 355 erfolgen.
- Regress in **unternehmerischer Lieferkette, § 445a III**, wenn Schuldner Unternehmer i.S.d. § 14 sind
- **§ 445b** statuiert **spezielle Verjährungsregelungen** für die Regressansprüche aus § 445a.
- **Sonderbestimmungen** für den Regress des Unternehmers enthält **§ 478**.

  ⚠ § 478 gilt nur für den Fall, das ein Verbrauchsgüterkauf (§ 474 I) zwischen Letztverkäufer (Unternehmer) und Letztkäufer (Verbraucher) vorliegt.
- Ist der letzte Vertrag in der Lieferkette ein Vertrag gem. §§ 327, 327a, sind die §§ 445a, 445b und 478 nicht anzuwenden, sondern nur die §§ 327 ff.

Besonderheiten beim Verbrauchsgüterkauf, §§ 474 ff. (1)

Voraussetzungen eines Verbrauchsgüterkaufs, § 474

- Käufer ist **Verbraucher**, § 13
- Verkäufer ist **Unternehmer**, § 14
- Kaufgegenstand ist eine **Ware** i.S.d. § 241a I
- Keine **öffentliche Versteigerung** (§ 312g II Nr. 10) einer **gebrauchten Sache**, § 474 II 2

  ⚠ Internet-Online-Auktionen sind keine Versteigerungen.

  Diese Ausnahme vom Anwendungsbereich gilt nur, wenn dem Verbraucher **klare und umfassende Informationen** darüber, dass die §§ 474 ff. nicht gelten, **leicht verfügbar** gemacht wurden.
- §§ 474 ff. finden **keine Anwendung** bei Kaufverträgen
  - **zwischen Verbrauchern** untereinander,
  - **zwischen Unternehmern** untereinander,
  - zwischen Verbrauchern auf Verkäuferseite und **Unternehmern auf Käuferseite**.

Verbraucher

- **Natürliche Person**
  - auch GbR (die nur aus natürlichen Personen besteht)
  - nicht OHG, KG (da diese kaufmännischen Zweck verfolgen)
  - nicht e.V. oder GmbH (da juristische Personen)

Besonderheiten beim Verbrauchsgüterkauf, §§ 474 ff. (2)

Verbraucher (Fortsetzung)

- **Zweck des Geschäfts**: nicht für gewerbliche oder selbstständige berufliche Tätigkeit
  - Kauft ein Lehrer einen Computer, um damit Klassenarbeiten zu erstellen, so ist er Verbraucher, da es sich nicht um eine selbstständige Tätigkeit handelt.
  - Kauft ein Rechtsanwalt einen PC für seine Kinder, ist er Verbraucher; kauft er ihn für seine Kanzlei, so ist er Unternehmer.
- In zeitlicher Hinsicht ist nur der Zweck **im Zeitpunkt des Vertragsschlusses** entscheidend.
  - Nutzt der Rechtsanwalt den zunächst privat gekauften PC nach einem Jahr beruflich, bleibt es trotzdem bei einem Verbrauchsgüterkauf.

Unternehmer

Unternehmer ist gem. **§ 14** eine natürliche oder juristische Person oder eine rechtsfähige Personengesellschaft, die bei Abschluss eines Rechtsgeschäfts in Ausübung ihrer **gewerblichen** oder **selbstständigen beruflichen** Tätigkeit handelt.

Damit fallen unter den Unternehmerbegriff nicht nur Gewerbetreibende, sondern auch Freiberufler, Handwerker und Landwirte. Auch eine nebenberufliche unternehmerische Tätigkeit fällt unter § 14.

⚠ Gewinnerzielungsabsicht ist – anders als beim Gewerbebegriff des HGB – nicht erforderlich.

Besonderheiten beim Verbrauchsgüterkauf, §§ 474 ff. (3)

Abgrenzungsprobleme Verbraucher/Unternehmer

- **Existenzgründer** sind nach h.M. Unternehmer (arg. ex. § 513).
- „**Dual-Use**“: Dient eine Anschaffung/Veräußerung sowohl privaten als auch beruflichen Zwecken (gemischt genutzter Pkw), kommt es auf den **Schwerpunkt der Nutzung** an, vgl. § 13 („überwiegend“).
- Bei **Vorspiegelung der Unternehmereigenschaft** durch einen Verbraucher muss dieser sich wie ein Unternehmer behandeln lassen, **§ 242**.

Ware i.S.d. § 241a I

➲ Waren sind **bewegliche Sachen**, die nicht aufgrund von Zwangsvollstreckungs- oder anderen gerichtlichen Maßnahmen verkauft werden.

- Damit liegt kein Verbrauchsgüterkauf vor bei Grundstückskaufverträgen; dagegen aber beim Kauf von **Fernwärme**, **Wasser** oder **Gas**. Auch **Tiere** werden grds. vom Begriff „Ware“ erfasst.
- Wegen des Verweises auf das Kaufrecht in **§§ 650 I 1, 480** gelten die Vorschriften des Verbrauchsgüterkaufs auch bei Werklieferungs- und Tauschverträgen zugunsten des Verbrauchers.

Besonderheiten beim Verbrauchsgüterkauf, §§ 474 ff. (4)

Rechtsfolgen eines Verbrauchsgüterkaufs

Abweichende **Sondervorschriften**	Besonderheiten bei der **Gewährleistung**	Besonderheiten bei **Garantien/ Unternehmerregress**
§ 475 I Fälligkeitsregelung	**§ 475b I** Aktualisierungspflicht bei Waren mit digitalen Elementen	**§ 479 I** Anforderung an Garantien
§ 475 II Gefahrenübergang Versendungskauf	**§ 475c** Aktualisierungspflicht bei dauerhafter Bereitstellung	**§ 479 II** Garantieerklärung auf dauerhaften Datenträgern
§ 475 III 1 Kein Nutzungsersatz bei Ersatzlieferung	**§ 475d** Entbehrlichkeit der Fristsetzung oder des Fristablaufs	**§ 479 III** Nacherfüllung als Mindestgehalt bei Haltbarkeitsgarantie
§ 475 III 2 Haftungsbegrenzung/ Gefahrtragung	**§ 475e** Ablaufhemmungen für Verjährung	**§ 479 IV** Wirksamkeit der Garantie

Besonderheiten beim Verbrauchsgüterkauf, §§ 474 ff. (5)

Rechtsfolgen eines Verbrauchsgüterkaufs (Fortsetzung)

Abweichende **Sondervorschriften**	Besonderheiten bei der **Gewährleistung**	Besonderheiten bei **Garantien/ Unternehmerregress**
§ 475 IV Vorschuss für Aufwendungen	**§ 476 I** Grds. Abweichungsverbot; negative Beschaffenheits-vereinbarung	**§ 478 I** Modifikation der Beweislastumkehr
§ 475 V Nacherfüllung in angemessener Frist	**§ 476 II** Verkürzbarkeit der Verjährung eingeschränkt	**§ 478 II** Einschränkung abweichender Vereinbarungen
§ 475 V Nacherfüllung ohne erhebliche Unannehmlichkeiten	**§ 476 IV** Verbot der Umgehungsgestaltung	**§ 478 III** Erstreckung auf die Lieferkette
§ 475 VI Rückgabe und Rückgewähr der Ware	**§ 477** Beweislastumkehr zugunsten des Verbrauchers	

Besonderheiten beim Verbrauchsgüterkauf, §§ 474 ff. (6)

Beweislastumkehr

Gem. **§ 477** wird beim Verbrauchsgüterkauf die Beweislast **zugunsten des Verbrauchers** umgekehrt.

Von §§ 434, 475b abweichender Zustand

Die Vermutung des **§ 477 I** setzt das Vorliegen einer Abweichung von den §§ 434, 475b voraus. Der Käufer hat dabei aber weder den Grund für die Mangelerscheinung noch den Umstand zu beweisen, dass sie dem Verkäufer zuzurechnen ist. Das bedeutet, dass der Käufer insoweit lediglich den **Nachweis einer Abweichung**, also eines mangelhaften Zustands, zu erbringen hat, der – unterstellt, er beruhe auf einer dem Verkäufer zuzurechnenden Ursache – eine Haftung des Verkäufers wegen einer Abweichung von der geschuldeten Beschaffenheit begründen würde. Das Vorliegen einer Abweichung (Mangelerscheinung) ist also nicht Gegenstand, sondern **Voraussetzung der Vermutung** nach § 477.

Die Vermutung gem. § 477 greift **auch** dann ein, wenn ein **Mangel** auftritt, der unstreitig **bei Gefahrübergang noch nicht vorhanden** war, aber möglicherweise auf einem anderen bei Gefahrübergang vorhandenen Grundmangel beruht.

Sich zeigen

Voraussetzung ist ferner, dass **sich innerhalb der Jahresfrist** (beim Kauf lebender Tiere innerhalb von sechs Monaten, § 477 I 2) ein von den Anforderungen nach § 434 oder § 475b abweichender Zustand der Ware **zeigt**, vgl. 477 I 1. Das ist gleichbedeutend mit Erkennbarkeit des Mangels. Es kommt hingegen nicht darauf an, dass der Verbraucher auch innerhalb dieser Frist Gewährleistungsrechte gegenüber dem Unternehmer geltend macht.

Beweislastumkehr (Fortsetzung)

Kein Ausschluss der Vermutung

Die Vermutung des § 477 greift nicht ein, wenn sie mit der Art der Sache oder der Art des Mangels nicht vereinbar ist. Der **Unternehmer trägt die Darlegungs- und Beweislast** für die tatsächlichen Voraussetzungen der Ausnahmeregelung.

Wegen der **Art der Sache** wird die Vermutung des § 477 etwa nicht bei verderblichen Lebensmitteln greifen.

K kauft bei X einen Beutel Apfelsinen. Nach drei Wochen fangen diese an zu faulen.

Mit der **Art des Mangels** kann die Vermutung beispielsweise bei Tierkrankheiten unvereinbar sein, weil oft Ungewissheit besteht, ob die Ansteckung bereits vor oder erst nach Lieferung des Tieres erfolgt ist. Nach überwiegender Ansicht besteht aber keine generelle Unvereinbarkeit von Tiermängeln mit der Vermutung des § 477. Dem Verkäufer kann nämlich – zumindest wenn es sich nicht um Infektionskrankheiten mit ungewisser Inkubationszeit handelt – zugemutet werden, die Vermutung des § 477 durch eine Ankaufsuntersuchung zu widerlegen.

Keine Widerlegung der Vermutung

Will sich der Unternehmer entlasten, geht dies nur **durch Erbringung des Gegenbeweises nach § 292 ZPO**. Er muss beweisen, dass sich die Sache aufgrund des Verhaltens des Verbrauchers oder durch Zufall verschlechtert hat oder dass die Sache im Zeitpunkt des Gefahrübergangs mangelfrei war. Auch die vorbehaltlose Bezahlung einer Rechnung begründet für sich genommen weder die Annahme eines deklaratorischen noch eines „tatsächlichen“ Anerkenntnisses der beglichenen Forderung.

Verbrauchsgüterkauf einer Ware mit digitalen Elementen

Die **§§ 475b und 475c** enthalten Sonderbestimmungen für Sachen mit digitalen Elementen. Während § 475b für alle Sachen mit digitalen Elementen gilt, betrifft § 475c nur Sachen mit digitalen Elementen, bei denen die digitalen Elemente nach der vertraglichen Vereinbarung nicht **einmalig**, etwa mit der Lieferung der Sache, sondern **dauerhaft** über einen Zeitraum bereitgestellt werden.

⚠ Unbedingt zu beachten ist, dass diese Neuregelungen ihrer systematischen Stellung (§§ 474 ff.) nach nur auf Verbrauchsgüterkaufverträge und **nicht auf sämtliche Kaufverträge** Anwendung finden.

Die §§ 475b und 475c **ergänzen § 434** in Bezug auf einen Sachmangel bei Sachen mit digitalen Inhalten, d.h., auf Sachen mit digitalen Inhalten sind sowohl § 434 als auch § 475b anwendbar; auf Sachen mit digitalen Elementen, bei denen die digitalen Elemente dauerhaft über einen Zeitraum bereitgestellt werden, sind §§ 434, 475b und 475c anwendbar.

Sachmangel einer Ware mit digitalen Elementen

➲ Bzgl. des Begriffs „Ware mit digitalen Elementen" verweist § 475b I auf die Legaldefinition in **§ 327a III 1**. Danach ist eine Ware mit digitalen Elementen eine Sache, die **in einer solchen Weise** digitale Produkte enthält oder mit ihnen **verbunden** ist, dass sie ihre **Funktionen ohne** diese digitalen Produkte **nicht erfüllen** kann („funktionales Kriterium"). Unter „digitalen Produkten" sind gem. § 327 I digitale Inhalte oder digitale Dienstleistungen zu verstehen.

Waren mit digitalen Inhalten sind etwa eine Smartwatch oder ein Smart-TV.

Die Vorschrift des § 475b **gilt unabhängig davon, ob** die digitalen Elemente vom **Unternehmer** selbst **oder** von einem **Dritten bereitgestellt** werden, wobei das Bestehen einer solchen Verpflichtung nach § 475b I 2 i.V.m. § 327a III 2 vermutet wird.

Sachmangel einer Ware mit digitalen Elementen (Fortsetzung)

Ob die Bereitstellung digitaler Elemente vom Unternehmer geschuldet ist, hängt vom Inhalt des Kaufvertrags ab, der ggf. durch Auslegung zu ermitteln ist. Zu den Bestandteilen des Kaufvertrags zählen zunächst digitale Elemente, deren Bereitstellung **im Vertrag ausdrücklich vorgesehen** ist („vertragliches Kriterium").

Die Annahme einer geschuldeten Bereitstellung kann sich auch daraus ergeben, dass das digitale Element für die **nach dem Vertrag vorausgesetzte oder gewöhnliche Verwendung** der Sache erforderlich ist. Nicht erforderlich für die Annahme ist, dass die Bereitstellung des digitalen Elements Teil der synallagmatischen Leistungsverpflichtung des Unternehmers ist.

Auf einem Smartphone können vorinstallierte Anwendungen üblich sein, wie etwa ein Betriebssystem oder die für die Kamera erforderliche Software.

Bzgl. der Frage, ob die Verpflichtung des Unternehmers die Bereitstellung der digitalen Elemente umfasst, verweist § 475b I 2 **auf die Zweifelsregel in § 327a III 2**. Danach ist beim Kauf einer Sache mit digitalen Elementen im Zweifel anzunehmen, dass die Verpflichtung des Unternehmers auch die Bereitstellung digitaler Inhalte oder digitaler Dienstleistungen umfasst.

Die Regel wird nicht allein dadurch infrage gestellt, dass der Verbraucher einer Lizenzvereinbarung **mit** einem **Dritten** zustimmen muss. Kann die Sache indes ihre Funktionen auch ohne digitale Elemente erfüllen oder schließt der Verbraucher einen Vertrag über die Bereitstellung digitaler Elemente ab, die nicht Bestandteil des Kaufvertrags sind, ist dieser Vertrag als eigenständiger anzusehen. Das gilt auch wenn der Unternehmer diesen zweiten Vertrag mit dem Drittanbieter vermittelt hat.

Lädt der Verbraucher ein Spiel aus einem App-Store herunter, so ist der Vertrag über die Bereitstellung der Spielanwendung nicht Bestandteil des Kaufvertrags über das Smartphone.

Modifizierter Sachmangelbegriff

Nach **§ 475b II** ist eine Ware mit digitalen Elementen mangelfrei, wenn sie

- bei **Gefahrübergang** und in Bezug
- auf eine **Aktualisierungspflicht** auch **während** des Zeitraums nach § 475b III Nr. 2 und IV Nr. 2 den **subjektiven** Anforderungen,
- den objektiven Anforderungen, den **Montageanforderungen** und den Installationsanforderungen

entspricht. Der Inhalt dieser Anforderung ist in den Absätzen 3 bis 5 des § 475b konkretisiert.

Modifizierter subjektiver Fehlerbegriff

Gem. der Regelung in **§ 475b III** entspricht eine Ware mit digitalen Elementen den subjektiven Anforderungen, wenn sie den **Anforderungen des § 434 II** entspricht (§ 475b III Nr. 1) **und** für die digitalen Elemente die im Kaufvertrag vereinbarten **Aktualisierungen** während des nach dem Vertrag maßgeblichen Zeitraums bereitgestellt werden (§ 475b III Nr. 2).

Damit bezieht sich der subjektive Fehlerbegriff auf die allgemeine Regelung in § 434 II und ordnet ferner an, dass die für die digitalen Elemente der Ware vereinbarten Aktualisierungen im vereinbarten Zeitraum **bereitgestellt** werden und **funktionsfähig** sein müssen. Die Vereinbarung ist dabei auch für die Dauer und den Umfang der Aktualisierungspflicht maßgeblich. Die vereinbarten Aktualisierungen können die digitalen Elemente verbessern, ihre Funktionen erweitern, sie gegen neue Sicherheitsbedrohungen schützen oder auch anderen Zwecken dienen.

Bei einer vereinbarten Aktualisierungsverpflichtung können die Parteien bestimmen, dass lediglich Sicherheitsupdates bereitgestellt werden.

Modifizierter subjektiver Fehlerbegriff (Fortsetzung)

➲ Eine **Aktualisierung** ist **bereitgestellt**, sobald der digitale Inhalt oder die geeigneten Mittel für den Zugang zu diesem oder das Herunterladen des digitalen Inhalts dem Verbraucher unmittelbar oder mittels einer von ihm hierzu bestimmten Einrichtung zur Verfügung gestellt oder zugänglich gemacht worden ist, vgl. **§ 327b III**.

⚠ Der deutsche Gesetzgeber hat sich dafür entschieden den in der Richtlinienvorgabe verwendeten Begriff der Aktualisierung zu übernehmen und nicht durch den geläufigen **Begriff „Update"** zu ersetzen. Dadurch soll klargestellt werden, dass der Unternehmer seiner Verpflichtung ggf. auch dadurch nachkommen kann, dass er die Aktualisierung im Rahmen eines Versionswechsels („**Upgrades**") vornimmt.

➲ Die Aktualisierung ist dem Verbraucher **„zur Verfügung gestellt"**, wenn ihm eine eigenständige Zugriffsmöglichkeit verschafft wurde. Demgegenüber bedeutet „zugänglich machen" das Schaffen einer entsprechenden Möglichkeit zur Nutzung der Aktualisierung durch den Verbraucher unter fremder Kontrolle.

Die **unterbliebene Bereitstellung** von im Kaufvertrag vereinbarten Aktualisierungen begründet einen Sachmangel der Sache mit digitalen Elementen. Außerdem stellen auch **fehlerhafte oder unvollständige Aktualisierungen** einen Mangel der Sache dar, weil das bedeutet, dass solche Aktualisierungen nicht so ausgeführt werden, wie es im Kaufvertrag vereinbart wurde.

⚠ In **Abweichung vom** Gefahrübergang als maßgeblichem Zeitpunkt kann eine Ware mit digitalen Elementen also im Bereich des Verbrauchsgüterkaufrechts einen Sachmangel haben, selbst wenn sie zum **Zeitpunkt des Gefahrübergangs** mangelfrei war (vgl. § 475b III Nr. 2 und IV Nr. 2).

Modifizierter objektiver Fehlerbegriff

Die Regelung des **§ 475b IV** bestimmt, dass eine Ware mit digitalen Elementen den objektiven Anforderungen entspricht, wenn sie den

- **Anforderungen des § 434 III** entspricht (§ 475b IV **Nr. 1**) und
- dem Verbraucher **während des Zeitraums**, den er aufgrund der Art und des Zwecks der Ware und ihrer digitalen Elemente sowie unter Berücksichtigung der Umstände und der Art des Vertrags erwarten kann, **Aktualisierungen bereitgestellt** werden, die für den Erhalt der Vertragsmäßigkeit der Ware erforderlich **sind**, **und** der Verbraucher über diese Aktualisierungen **informiert** wird (§ 475b IV **Nr. 2**).

Bei Sicherheitsupdates wird sich die Erwartung des Verbrauchers regelmäßig auf einen Zeitraum erstrecken, der über den Zeitraum hinausgeht, in dem der Unternehmer für Vertragswidrigkeiten haftet.

Der **Umfang der Aktualisierungspflicht** erfasst sowohl funktionserhaltende Aktualisierungen als auch Sicherheitsupdates, die vor dem Zugriff Dritter auf Daten des Käufers schützen. Demnach ist der Unternehmer verpflichtet, vor allem die Schutzmaßnahmen zu treffen oder treffen zu lassen, die nach dem **Stand der Technik** geeignet und erforderlich sind, um die digitalen Elemente vor einem unberechtigten Zugriff Dritter auf Daten oder Funktionen zu schützen. Auch wenn Sicherheitsmängel oder sicherheitsrelevante Softwarefehler auftreten, die keine Auswirkungen auf die Funktionsfähigkeit der Sache haben, besteht eine Aktualisierungsverpflichtung zur Behebung des Sicherheitsmangels.

Die **Aktualisierungsverpflichtung** des § 475b IV Nr. 2 ist grds. **abdingbar**. Im Bereich des Verbrauchsgüterkaufs muss die Abweichung indes wegen der besonderen Bedeutung der Aktualisierungsverpflichtung für die Aufrechterhaltung der Funktionsfähigkeit der Sache die **besondere Form des § 476 I 2** einhalten.

Modifizierter objektiver Fehlerbegriff (Fortsetzung)

Der Unternehmer hat gem. **§ 475b IV Nr. 2** nicht nur die Pflicht, für den Erhalt der Vertragsmäßigkeit der Ware erforderliche Aktualisierungen bereitzustellen, vielmehr muss der Verbraucher vom Unternehmer über diese Aktualisierungen **auch informiert** werden. Zu welchem Zeitpunkt und in welcher Form der über eine neu erschienene Aktualisierung zu informieren ist, bestimmt sich nach den Umständen des Einzelfalls und ist anhand eines **objektiven Maßstabs** zu beurteilen. Damit die Wirksamkeit der Aktualisierungspflicht gewährleistet ist, muss der Unternehmer in einem **angemessenen Zeitrahmen** nach Auftreten der Vertragswidrigkeit die Aktualisierung bereitstellen und diese auch für einen Zeitraum, der sich an der Dauer der angemessenen Frist nach § 475b IV orientiert, bereitgestellt lassen. Gleiches gilt für die Verpflichtung des Unternehmers zur Information des Verbrauchers über die Bereitstellung der Aktualisierung.

⚠ Die Bereitstellung und Information des Verbrauchers darüber setzt § 475b IV **kumulativ** für die Mangelfreiheit voraus, sodass **bereits die unterbliebene Information** über eine Aktualisierung einen **Sachmangel** begründet.

Unterlässt der **Verbraucher**, eine **Aktualisierung**, die ihm nach § 475b IV bereitgestellt worden ist, innerhalb einer angemessenen Frist zu installieren, so haftet der Unternehmer unter den Voraussetzungen des **§ 475b V** nicht für einen Sachmangel, der allein auf das Fehlen dieser Aktualisierung zurückzuführen ist. Die Installation von Aktualisierungen ist also als **Obliegenheit** des Verbrauchers ausgestaltet.

Die i.S.d. § 475b V „**angemessene**“ Installationsfrist ist umso kürzer zu bemessen, je stärker die Sicherheit der Ware oder der Nutzerdaten ohne Aktualisierung bedroht ist. Dabei ist zu beachten, dass sich die Vorschrift nur auf die **objektiv gebotenen Aktualisierungen** bezieht. Für vereinbarte Aktualisierungen, über die der Verkäufer entsprechend informiert hat, kommt aber eine analoge Anwendung in Betracht.

Modifizierte Montage- und Installationsanforderungen

Soweit eine Montage oder eine Installation **durchzuführen ist**, entspricht eine Ware mit digitalen Elementen gem. **§ 475b VI** den Montageanforderungen, wenn sie den **Anforderungen des § 434 IV** entspricht, und den **Installationsanforderungen**, wenn

- die Installation der digitalen Elemente **sachgemäß** durchgeführt worden ist (§ 475b VI **Nr. 2a)**) oder
- die Installation zwar **unsachgemäß** durchgeführt worden ist, dies jedoch weder auf einer unsachgemäßen Installation durch den Unternehmer noch auf einem Mangel der Anleitung beruht, die der Unternehmer oder derjenige übergeben hat, der die digitalen Elemente bereitgestellt hat (§ 475b VI **Nr. 2b)**).

Die Vorschrift erweitert die in § 434 IV geregelten Montageanforderungen, indem **sie zwischen Montageanforderungen und Installationsanforderungen differenziert**.

Die Regelung in § 475b VI trägt dem Umstand Rechnung, dass bei Sachen mit digitalen Elementen oft eine Installation der digitalen Elemente erforderlich ist, die **Installation** oft vom Unternehmer oder von einem Dritten **mittels Fernzugriff** vorgenommen wird und die zugehörige Installationsanleitung oft nicht vom Unternehmer, sondern vom Anbieter der digitalen Elemente bereitgestellt wird, insbesondere über das Internet.

⚠ Aufgrund der Bezugnahme des § 475b VI Nr. 1 auf die Montageanforderungen des § 434 IV entspricht auch eine Sache mit digitalen Elementen nur dann den Montageanforderungen, wenn die **Anforderungen** aus der allgemeinen Vorschrift **des § 434 IV erfüllt** sind.

Sachmangel bei dauerhafter Bereitstellung der digitalen Elemente

Beim Kauf einer Ware mit digitalen Elementen ergänzt **§ 475c** die §§ 475b, 434 für den Fall, dass eine **dauerhafte Bereitstellung** der digitalen Elemente über einen **bestimmten oder unbestimmten Zeitraum** vereinbart ist.

➲ Ausweislich der Legaldefinition in **§ 327e I 3** ist unter dauerhafter Bereitstellung eine **fortlaufende Bereitstellung über einen Zeitraum** zu verstehen.

Digitale Elemente, die dauerhaft bereitzustellen sind, sind Verkehrsdaten in einem Navigationssystem, die Cloud-Anbindung bei einer Spiele-Konsole oder eine Smartphone-App zur Nutzung verschiedener Funktionen in Verbindung mit einer Smartwatch.

Die dauerhafte Bereitstellung eines digitalen Elements kann zwischen Unternehmer und Verbraucher **auch konkludent** vereinbart werden.

Beim Kauf einer Smart-Watch, die zu ihrer Funktionsfähigkeit eine Cloud-Anbindung benötigt, dürfen die Parteien voraussetzen, dass die Cloud über einen angemessenen Zeitraum zur Verfügung steht und die Cloud von ihrem Betreiber nicht nach dem Kauf der Smart-Watch eingestellt wird.

Für den Fall, dass die Parteien zwar eine dauerhafte Bereitstellung digitaler Elemente ausdrücklich oder konkludent vereinbaren, aber die **konkrete Dauer der Bereitstellung offenlassen**, ordnet **§ 475c I 2** die entsprechende Anwendung des § 475b IV Nr. 2 über die Dauer der Aktualisierungspflicht an.

Maßgeblich ist dann also der Zeitraum, den der **Verbraucher** aufgrund der Art und des Zwecks der Sache und ihrer digitalen Elemente sowie unter Berücksichtigung der Umstände und der Art des Vertrags **erwarten kann**.

Sachmangel bei dauerhafter Bereitstellung der digitalen Elemente (Fortsetzung)

Liegen die Voraussetzungen des § 475c I vor, so haftet der Unternehmer nach § 475c II während des Bereitstellungszeitraums, mindestens aber für zwei Jahre nach Ablieferung der Ware dafür, dass diese den **Anforderungen des § 475b II** an die Sachmangelfreiheit entspricht. Mit diesem Mindestzeitraum, innerhalb dessen der Unternehmer für die Mangelfreiheit einzustehen hat, soll eine Umgehung des Gewährleistungsrechts durch kurze Bereitstellungszeiträume vermieden werden, faktisch wird hiermit allerdings eine **Mindestbereitstellungsdauer von zwei Jahren** festgeschrieben.

➲ Unter **Bereitstellungszeitraum** ist gem. der Legaldefinition in § 327e I 3 „der gesamte vereinbarte Zeitraum der Bereitstellung" zu verstehen. Insoweit weicht § 475c II von den §§ 434 I, 475b II ab.

⚠ Nach den §§ 434 I und 475b II ist der Gefahrübergangs für die **Beurteilung der Mangelfreiheit** maßgeblich. Das gilt, abgesehen von der Aktualisierungsverpflichtung, auch für Sachen mit digitalen Elementen, bei denen die digitalen Elemente durch eine einmalige Bereitstellung verfügbar gemacht werden. Sind die digitalen Elemente jedoch dauerhaft über einen Zeitraum bereitzustellen, ist der Unternehmer **während des Bereitstellungszeitraums** verpflichtet, diese in einem vertragsgemäßen Zustand zu erhalten.

Die Verpflichtung des Unternehmers erstreckt sich **auch** auf die **Information** über das Vorhandensein einer im Rahmen der Aktualisierungsverpflichtung bereitgestellten Aktualisierung, vgl. **§ 475b IV Nr. 2**.

Der **§ 475c II ist abdingbar**. Bei der Abweichung ist indes die besondere Form des § 476 I 2 für Verbrauchsgüterkäufe einzuhalten. Danach ist § 475c II abdingbar, wenn

- der Verbraucher vor der Abgabe seiner Vertragserklärung **eigens** davon in **Kenntnis gesetzt** wurde, dass ein **bestimmtes Merkmal der Ware** von den objektiven Anforderungen abweicht, und
- die Abweichung i.S.d. § 476 I 2 Nr. 2 im Vertrag **ausdrücklich** und **gesondert** vereinbart wurde.

Sondervorschriften für Rücktritt, Minderung und Schadensersatz

Die Voraussetzungen des Rücktritts regeln die **§§ 323 ff.**, die für das Kaufrecht durch **§ 440** punktuell modifiziert werden. Eine weitergehende Modifizierung für Verbrauchsgüterkäufe enthält **§ 475d.** Wegen der Verknüpfung zwischen **Minderung** und **Rücktritt** (vgl. § 441 I 1) wirkt sich § 475d I auch auf die Minderung aus. Ferner ordnet § 475d II die entsprechende Anwendung auf **Schadensersatzansprüche** an. Während § 475d I Nr. 1 lediglich die **Entbehrlichkeit einer Fristsetzung** betrifft, sind in § 475d I Nr. 2–5 Fälle geregelt, in denen auch der **Ablauf der Frist** nicht erforderlich ist.

Nichtvornahme der Nacherfüllung in angemessener Frist

Für den Rücktritt wegen eines Mangels der Ware bedarf es gem. § 475d I **Nr. 1** der in § 323 I bestimmten Fristsetzung zur Nacherfüllung abweichend von § 323 II und § 440 nicht, wenn der Unternehmer die Nacherfüllung **trotz Ablaufs einer angemessenen Frist** ab dem Zeitpunkt, zu dem der Verbraucher ihn über den Mangel unterrichtet hat, nicht vorgenommen hat.

⚠ Anders als bis zur Schuldrechtsreform 2022 ist ein **ausdrückliches Nacherfüllungsverlangen** des Verbrauchers **nicht erforderlich**, um die Nacherfüllungsfrist in Gang zu setzen.

Erfolglose Nacherfüllung

Nach § 475d I **Nr. 2** ist beim Rücktritt wegen eines Mangels der Ware ein fruchtloser Fristablauf entbehrlich, wenn sich **trotz** der vom Unternehmer **versuchten Nacherfüllung** ein Mangel zeigt.

⚠ Das gilt im Unterschied zu § 440 nicht nur im Fall der erfolglosen Nacherfüllung, sondern **auch**, wenn im Rahmen der Nacherfüllung ein neuer, **anderer Mangel** verursacht wurde und außerdem sind nicht regelmäßig zwei erfolglose Nacherfüllungsversuche erforderlich.

Sondervorschriften für Rücktritt, Minderung und Schadensersatz (Fortsetzung)

Derart schwerwiegender Mangel

Gem. **§ 475d I Nr. 3** kann der Verbraucher ohne Ablauf einer angemessenen Frist vom Vertrag zurücktreten, wenn der **Mangel derart schwerwiegend** ist, dass der sofortige Rücktritt gerechtfertigt ist. Ob ein Mangel derart schwerwiegend ist, erfordert eine **Abwägung der widerstreitenden Interessen** von Verbraucher und Unternehmer im Einzelfall.

⚠ Wie diese **Abwägung im Detail** ausgestaltet ist, insbesondere ob alle Umstände des Einzelfalls zu berücksichtigen sind oder etwa nur solche, die einen unmittelbaren Bezug zum Mangel haben, bleibt – ausweislich der Gesetzesbegründung – der Rspr. überlassen.

Verweigerung der ordnungsgemäßen Nacherfüllung

Nach **§ 475d I Nr. 4** ist beim Rücktritt wegen eines Mangels der Ware ein fruchtloser Fristablauf entbehrlich, wenn der Unternehmer die gem. § 439 I oder § 439 II oder § 475 V ordnungsgemäße Nacherfüllung verweigert hat. Die Vorschrift bezieht sich – im Gegensatz zu § 475d I Nr. 1 – nicht nur auf die Nacherfüllung als solche, sondern **auch** auf die in §§ 439 I und II, 475 V geregelte **Art und Weise der Nacherfüllung** wird Bezug genommen. Daher erfordert hier die Entbehrlichkeit, dass der Unternehmer entweder die Nacherfüllung als solche (§ 439 I), die Kostentragung nach § 439 II, eine fristgerechte Nacherfüllung oder eine Nacherfüllung ohne erhebliche Unannehmlichkeiten (§ 475 V) verweigert hat.

⚠ In § 475d I Nr. 4 wird **nicht zwischen** der **berechtigten und** der **unberechtigten Verweigerung differenziert**, sondern geregelt, dass der Verbraucher vom Vertrag zurücktreten kann, wenn der Unternehmer die ordnungsgemäße Nacherfüllung (berechtigt oder unberechtigt) verweigert. Bei der unberechtigten Verweigerung ist jedoch – abweichend von § 323 II Nr. 1 – **nicht erforderlich**, dass der Unternehmer die ordnungsgemäße Nacherfüllung **ernsthaft und endgültig verweigert** hat.

Sondervorschriften für Rücktritt, Minderung und Schadensersatz (Fortsetzung)

Offensichtlich keine ordnungsgemäße Nacherfüllung

In **§ 475d I Nr. 5** ist bestimmt, dass der Ablauf einer angemessenen Frist entbehrlich ist, wenn nach den Umständen offensichtlich ist, dass der Unternehmer nicht gem. § 439 I oder nach § 439 II oder gem. § 475 V ordnungsgemäß nacherfüllen wird.

⚠ Von § 475d I Nr. 4 unterscheidet sich § 475d I Nr. 5 nur dadurch, dass es **keiner erklärten Verweigerung** der ordnungsgemäßen Nacherfüllung **bedarf**. Es reicht vielmehr aus, dass aus den Umständen offensichtlich wird, dass der Unternehmer nicht ordnungsgemäß nacherfüllen wird. Ebenso wie in § 475d I Nr. 4 bezieht sich der Begriff der ordnungsgemäßen Nacherfüllung dabei auch auf die Vorgaben der in § 439 I u. II sowie in § 475 V geregelten Art und Weise der Nacherfüllung.

Der Verbraucher kann gem. § 475d I Nr. 5 vom Vertrag zurücktreten, **wenn** es **offensichtlich** ist, dass der Unternehmer

- überhaupt **nicht**,
- **nicht unentgeltlich**,
- **nicht innerhalb** einer **angemessenen Frist** oder
- **nicht ohne erhebliche Unannehmlichkeiten**

nacherfüllen wird.

Entsprechende Anwendbarkeit auf Schadensersatz statt der Leistung

Gem. **§ 475d II 1** gelten die nach § 475d I für den Rücktritt maßgeblichen Fälle der Entbehrlichkeit der Fristsetzung entsprechend für den Anspruch des Verbrauchers auf Schadensersatz statt der Leistung gem. den §§ 437 Nr. 3, 280 I und III, 281. Die Anwendbarkeit der Regelungen in § 281 II und § 440 wird insoweit ausgeschlossen, vgl. § 475d II.

Besonderheiten beim Verbrauchsgüterkauf, §§ 474 ff. (20)

Sondervorschriften für die Verjährung

Die Verjährung der kaufrechtlichen Mängelansprüche regelt grds. § 438. Um den Besonderheiten der Verjährung beim Verbrauchsgüterkauf, insbesondere beim Kauf von Sachen mit digitalen Elementen Rechnung zu tragen, wird die allgemeine Vorschrift des § 438 durch die Regelungen in **§ 475e** ergänzt.

Sonderregeln gem. § 475e I und II

Nach § 438 I Nr. 3, II beginnt die grds. zweijährige Verjährungsfrist mit Ablieferung der Sache. Für die Verjährung von Gewährleistungsansprüchen wegen Mängeln digitaler Elemente, die dauerhaft bereitgestellt werden (§ 475c I), sieht **§ 475e I** eine **besondere Ablaufhemmung** vor. Danach endet beim Warenkauf für Mängel an dauerhaft bereitzustellenden digitalen Elementen abweichend von § 438 II die zweijährige Verjährungsfrist des § 438 I Nr. 3 nicht vor Ablauf von zwölf Monaten nach Ende des Bereitstellungszeitraums.

Auch **§ 475e II** statuiert eine Ablaufhemmung, die auf das Ende eines Dauertatbestandes abstellt. Demnach tritt bei Ansprüchen wegen einer **Verletzung der Aktualisierungspflicht** i.S.d. § 475b III und IV die Verjährung nicht vor Ablauf von zwölf Monaten nach dem Ende des Zeitraums der Aktualisierungspflicht ein. Die Maximalverjährung beträgt nach § 199 IV zehn Jahre.

Sonderregel gem. § 475e III

Die Ablaufhemmung in § 475e III ermöglicht dem Verbraucher eine **effektive Geltendmachung** seiner Gewährleistungsrechte auch **kurz vor Ablauf** der Verjährungsfrist. Danach tritt die Verjährung für einen Mangel, der sich innerhalb der Verjährungsfrist gezeigt hat, **nicht vor** dem **Ablauf von vier Monaten** nach dem Zeitpunkt ein, in dem sich der Mangel erstmals gezeigt hat.

⚠ Der § 475e III gilt **nicht nur für Mängel der digitalen Elemente**, sondern auch für Mängel der Ware. In Bezug auf Mängel an digitalen Elementen ist § 475e III allerdings nur relevant, wenn keine dauerhafte Bereitstellung geschuldet ist, da die Regelung in § 475e I insoweit spezieller ist.

Sondervorschriften für die Verjährung (Fortsetzung)

Sonderregeln gem. § 475e IV

Hat der Verbraucher die Ware dem Unternehmer oder auf dessen Veranlassung einem Dritten zur **Nacherfüllung oder** Geltendmachung von **Garantieansprüchen** übergeben, bestimmt **§ 475e IV**, dass die Verjährung **nicht vor Ablauf von zwei Monaten** nach dem Zeitpunkt eintritt, in welchem dem Verbraucher die nachgebesserte oder ersetzte Ware zurückgegeben wurde.

⚠ **Ziel der Ablaufhemmung** ist, dass der Verbraucher die Kaufsache nach Rückerhalt **prüfen und ermitteln** kann, ob durch die Nacherfüllung (Nachbesserung oder Nachlieferung) dem geltend gemachten Anspruch abgeholfen wurde.

Die **erste Alternative** des § 475e IV setzt voraus, dass der Verbraucher die Kaufsache **zur Nacherfüllung übergeben** hat. Für die Frage, ob die Übergabe „zur Nacherfüllung" erfolgte, ist die subjektive Zielsetzung des Verbrauchers maßgebend.

Da die Intention des Unternehmers irrelevant ist, steht es § 475e IV nicht entgegen, wenn dieser erklärt, er führe eine Reparatur „nur aus Kulanz" oder „ohne Anerkennung einer Rechtspflicht" durch.

Gem. der **zweiten Alternative** des § 475e IV gilt die Vorschrift auch bei **Übergabe** der Ware **zur Erfüllung von Garantieansprüchen**. Damit wird dem Umstand Rechnung getragen, dass sich die gesetzlichen Gewährleistungsrechte und die Ansprüche aus einer Garantie zeitlich und inhaltlich überschneiden können. Für solche Fälle soll § 475e IV sicherstellen, dass dem Verbraucher kein Nachteil daraus erwächst, dass er statt der gesetzlichen Gewährleistung die Garantie in Anspruch nimmt.

⚠ Durch das Tatbestandsmerkmal der **Übergabe** wird gewährleistet, dass der Unternehmer in jedem Fall **Kenntnis** von den die Ablaufhemmung begründenden Umständen erhält.

Werkvertrag gem. § 631

Inhalt des Werkvertrags

Die Parteien müssen sich darüber einigen, dass der Unternehmer zur **Herstellung** des versprochenen **Werkes** verpflichtet ist, **§ 631**.

Erforderlich ist die Einigung über Art und Umfang der Leistung. Die Parteien können sich auch über die **Höhe der Vergütung** einigen. Diese gilt als stillschweigend vereinbart, wenn die Herstellung des Werkes den Umständen nach nur gegen eine Vergütung zu erwarten ist, **§ 632**.

Gegenstand des Werkvertrags kann **jeder Erfolg** sein, z.B.

- die Herstellung einer **unbeweglichen Sache**,

  Ist die Lieferung einer herzustellenden oder zu erzeugenden **beweglichen** Sache Vertragsgegenstand, liegt ein Werklieferungsvertrag vor, **§ 650 I**, und das Kaufrecht findet Anwendung.

- **Reparaturarbeiten** an beweglichen und unbeweglichen Sachen,

  § 650 I findet nur Anwendung bei herzustellenden oder zu erzeugenden beweglichen Sachen.

- eine **geistige Tätigkeit**,

  z.B. Erstellung eines Gutachtens, Baupläne eines Architekten

- **unkörperliche Arbeitserfolge**,

  z.B. Durchführung einer Veranstaltung (Theater, Konzert), Beförderung von Personen oder Sachen

- **Erstellung** von **Individualsoftware**.

  Wird Software für die individuellen Bedürfnisse des Kunden entwickelt oder Standardsoftware umfangreich an individuelle Bedürfnisse angepasst, ist das **Werkvertragsrecht** einschlägig. Beim Kauf von Standardsoftware ist hingegen das **Kaufrecht** (§§ 453, 433 ff.) anwendbar. Teilweise wird auf der Grundlage, dass der BGH zum alten Schuldrecht Software als Sache angesehen hat, bei der Erstellung von Individualsoftware ein Werklieferungsvertrag, § 650 I, angenommen.

Abgrenzung zu anderen Vertragstypen

- Bei einem **Werkvertrag** wird **ein Erfolg** geschuldet.
- Eine besondere Form des Werkvertrags ist in **§ 650 I** geregelt. Hat der Vertrag die Lieferung einer herzustellenden oder zu erzeugenden **beweglichen Sache** zum Gegenstand, so findet das Kaufrecht Anwendung. Ergänzend gilt das Werkvertragsrecht, sofern es sich um eine nicht vertretbare bewegliche Sache handelt.
- Bei einem **Dienstvertrag, § 611**, wird kein Erfolg, sondern nur die **vertragsgemäße Bemühung** um den Erfolg geschuldet.
- Bei einem **Garantievertrag** wird auch ein Erfolg geschuldet, jedoch braucht im Unterschied zum Werkunternehmer der Garant keine Tätigkeit zu entfalten und kein Werk herzustellen.
- Beim **Kaufvertrag, § 433**, wird zwar mit der Lieferung der Sache auch ein Erfolg geschuldet. Im Gegensatz zum Werkvertrag ist aber die Herstellung des Gegenstands nicht Vertragsinhalt.
- Der **Auftrag, § 662**, unterscheidet sich vom Werkvertrag durch die Unentgeltlichkeit der Leistung.
- Beim **Geschäftsbesorgungsvertrag, § 675**, geht es um entgeltliche Dienst- oder Werkleistungen, die in der selbstständigen Wahrnehmung fremder Vermögensinteressen bestehen.
- Seit dem 01.01.2018 enthalten die §§ 650a ff. **besondere Werkverträge**:
  - **Bauvertrag**, §§ 650a–650h
  - **Verbraucherbauvertrag**, §§ 650i–650n
  - Architektenvertrag und Ingenieurvertrag, §§ 650p–650t
  - Bauträgervertrag, §§ 650u–650v

Pflichten des Bestellers beim Werkvertrag (1)

Vergütung

- Besteller muss die **vereinbarte Vergütung** zahlen. Haben die Parteien einen Werkvertrag abgeschlossen und keine Einigung über die Vergütung erzielt, so ergibt sich aus **§ 632**, dass die Vergütung als stillschweigend vereinbart gilt.
- Nach **§ 632 III** ist ein **Kostenanschlag** im Zweifel **nicht zu vergüten**.

  Haben die Parteien eine abweichende Individualvereinbarung getroffen, greift § 632 III nicht ein. Nach h.M. kann eine abweichende Vereinbarung in **AGB** nicht getroffen werden.
- Der Unternehmer kann von dem Besteller für eine vertragsgemäß erbrachte Leistung eine **Abschlagszahlung, § 632a,** verlangen.
- **Dingliche Sicherung** des **Vergütungsanspruchs**:
  - Der Unternehmer hat an den beweglichen Sachen des Bestellers, die aufgrund des Werkvertrags in seinen Besitz gelangt sind, gem. **§ 647** ein **gesetzliches Pfandrecht**, auf das gem. § 1257 die Vorschriften über das rechtsgeschäftlich erworbene Pfandrecht entsprechend anzuwenden sind.

    Gehört die Sache nicht dem Besteller, kann nach h.M. das gesetzliche Pfandrecht nicht gutgläubig erworben werden, weil § 1257 ein bereits entstandenes Pfandrecht voraussetzt. Allerdings ist nach h.M. die (gutgläubige) Begründung eines rechtsgeschäftlichen Pfandrechts durch AGB zulässig.
  - Hat der Unternehmer ein Bauwerk oder Teile eines Bauwerks erstellt, so kann er für seine vertraglichen Forderungen die Einräumung einer **Sicherungshypothek** an dem Grundstück des Bestellers verlangen, **§ 650e**.

    Die Bestellung der Sicherungshypothek kann nach h.M. nicht verlangt werden, solange das Werk mangelhaft ist.
- Nach **§ 650f** kann der Bauunternehmer **im erweiterten Umfang Sicherheitsleistungen** verlangen.

Pflichten des Bestellers beim Werkvertrag (2)

Abnahmepflicht des Bestellers, §§ 640, 646

- Nach **§ 640 I** ist der Besteller verpflichtet, das **vertragsgemäß hergestellte Werk abzunehmen**, sofern nicht nach der Beschaffenheit des Werks die Abnahme ausgeschlossen ist. **Abnahme** bedeutet grds. die körperliche Hinnahme des Werks verbunden mit der Anerkennung als vertragsgemäße Leistung.
- Der Abnahme steht es gleich, wenn der Besteller das Werk nicht innerhalb einer ihm vom Unternehmer bestimmten angemessenen Frist abnimmt, obwohl er dazu verpflichtet ist, **§ 640 II** (**Abnahmefiktion**). Ist der Besteller Verbraucher, sind die zusätzlichen Voraussetzungen gem. § 640 II 2 zu beachten.
- Die Abnahme gem. § 640 wird durch die **Vollendung** nach **§ 646** ersetzt, wenn nach der Beschaffenheit des Werks die Abnahme ausgeschlossen ist.

  Etwa bei einer Theateraufführung oder einem Rockkonzert
- **Rechtsfolgen der Abnahme:**
  - Der **Anspruch auf die Vergütung wird fällig**, **§ 641**. Die Vergütung ist ab dem Zeitpunkt der Abnahme (-fiktion) zu verzinsen, § 641 IV.
  - Der allgemeine **Erfüllungsanspruch erlischt**; er konkretisiert und beschränkt sich auf die Mängelbeseitigung. Bei Mängeln im Zeitpunkt der Abnahme greifen die Mängelrechte aus § 634.
  - Nimmt der Besteller trotz **Kenntnis des Mangels** die Sache vorbehaltlos entgegen, so stehen ihm gem. § 640 III die in § 634 Nr. 1–3 bezeichneten Gewährleistungsrechte nicht zu.
- Die **Verjährung der Mängelansprüche** beginnt mit der Abnahme, **§ 634a II**.
- Die **Beweislast wird umgekehrt**. Nach der Abnahme muss der Besteller beweisen, dass das hergestellte Werk mangelhaft ist. Nach § 644 I geht die Preisgefahr auf den Besteller über.

Pflichten des Bestellers beim Werkvertrag (3)

Neben- und Sorgfaltspflichten des Bestellers

- Maßgeblich für die Neben- und Sorgfaltspflichten sind **§§ 241 II und 242**.

  Zu den Nebenpflichten zählen Aufklärungs- und Beratungspflichten. Der Besteller muss insbes. den Unternehmer auf ihm bekannte Umstände hinweisen, die eine vertragsgemäße Herstellung des Werks beeinträchtigen oder ausschließen können.

- **Entspr. § 618** ist der Besteller verpflichtet, Räume, Vorrichtungen und Gerätschaften, die er dem Unternehmer zur Verfügung stellt, so einzurichten und zu unterhalten, dass der Unternehmer und sein Gehilfe gegen Gefahr für Leib und Leben geschützt sind.
- Der Besteller ist zur **Überwachung** des Unternehmers **nicht verpflichtet**, sodass der Architekt auch nicht Erfüllungsgehilfe des Bauherrn ist.

Mitwirkung gem. § 642

- Verzögert oder verweigert der Besteller als Gläubiger des Herstellungsanspruchs gem. § 631 die **erforderliche Mitwirkung**, so stellt sich für den Unternehmer die Frage, ob er einen klagbaren Erfüllungsanspruch auf Mitwirkung hat. Nach der Rspr. handelt es sich bei **§ 642** um eine **Obliegenheit und** zugleich um eine **Verpflichtung** (a.A. Lit.: lediglich Obliegenheit).
- **Verweigert** der **Besteller** seine **Mitwirkung**, so hat der Unternehmer einen Schadensersatzanspruch aus §§ 280 I u. III, 281.
- Das Unterlassen der Mitwirkung schließt einen Schuldnerverzug des Unternehmers aus und kann zum Annahmeverzug des Bestellers nach §§ 293 ff. mit der Folge eines **Entschädigungsanspruchs** (§ 642 I) und eines **Kündigungsrechts** (§ 643) des Unternehmers führen.

Leistungsstörung des Unternehmers

U kann **nicht** (mehr) leisten

Unmöglichkeit

- Vertrag ist wirksam (Klarstellung in § 311a I)
- Anspruch auf die Leistung ist ausgeschlossen, § 275
- Gegenleistungsanspruch geht grds. unter.
  (Ausnahmen in § 326 und wenn die Preisgefahr gem. §§ 644, 645 übergegangen ist; 🗗 101)
- Schadensersatz
  - anfängl. Unmöglichkeit, § 311a II
  - nachträgliche Unmöglichkeit, §§ 280 I, III, 283
- Aufwendungsersatz
  - anfängliche Unmöglichkeit, §§ 311a II, 284
  - nachträgliche Unmöglichkeit, §§ 280 I, III, 283, 284
- Rücktrittsrecht, § 326 V
- Herausgabe des Ersatzes, § 285

U leistet **nicht rechtzeitig**

- Rücktritt, § 323
- Schadensersatz statt der Leistung, §§ 280 I, III, 281
- Verzögerungsschaden, §§ 280 I, II, 286

U leistet **mangelhaft**

- Nacherfüllung, § 634 Nr. 1; 🗗 103
- Selbstvornahme, § 634 Nr. 2; 🗗 102
- Rücktritt oder Minderung, § 634 Nr. 3; 🗗 104
- Schadensersatz oder Aufwendungsersatz, § 634 Nr. 4; 🗗 105

Übergang der Preisgefahr beim Werkvertrag, §§ 644, 645

Wird das erstellte Werk oder Teilwerk vor Abnahme zerstört oder beschädigt, so muss der **Unternehmer** grds. **das Werk neu** erstellen oder die **Mängel beseitigen**.

Der Anspruch auf die Neuherstellung ist ausgeschlossen, wenn der Besteller das Werk abgenommen hat oder die Neuherstellung des Werks unmöglich ist, § 275.

Ist die Neuherstellung des Werks unmöglich, so muss der Besteller zahlen, wenn die **Preisgefahr übergegangen ist, §§ 644, 645**.

- **Preisgefahr** geht nach **§ 644 über**, wenn
  - das Werk vom Besteller **abgenommen** worden ist, § 644 I 1 (entspr. § 446 S. 1 im Kaufrecht),
  - der Besteller sich im **Verzug mit der Annahme** befindet, § 644 I 2 (§ 446 S. 3 im Kaufrecht),
  - das Werk auf Verlangen des Bestellers **versandt** worden ist, § 644 II (Verweis auf § 447).
- Nach **§ 645** trägt der Besteller die **Preisgefahr**, wenn das Werk **infolge eines Mangels des vom Besteller gelieferten Stoffes** oder infolge einer vom Besteller für die Ausführung erteilten Anweisung untergegangen, verschlechtert oder unausführbar geworden ist, ohne dass ein Umstand mitgewirkt hat, den der Unternehmer zu vertreten hat.
- Eine **analoge Anwendung** des **§ 645** wird von der Rspr. in folgenden Fällen bejaht:
  - Besteller hat durch ein zurechenbares Verhalten den Untergang verursacht.
  - Besteller kann den Gegenstand, an dem die Leistung vorgenommen werden soll, nicht zur Verfügung stellen.
  - Unmöglichkeit beruht auf einem Umstand im Staat des Bestellers.
  - Leistungserfolg tritt von selbst ein (Zweckerreichung).

Rechte des Werkbestellers bei Mängeln des Werkes (1)

Mangelbegriff im Werkvertragsrecht

Nach **§ 633 I** hat der Unternehmer dem Besteller das Werk **frei von Sach- und Rechtsmängeln** zu verschaffen. Der Begriff des Sach- (§ 633 II) und Rechtsmangels (§ 633 III) ist im Wesentlichen inhaltsgleich mit dem des Kaufrechts (§§ 434, 435, 🗗 7 ff.).

⚠ Im **Unterschied zum Kaufrecht** wird die übliche Beschaffenheit nicht durch Werbeaussagen des Verkäufers oder Herstellers ergänzt, denn ein vom Unternehmer verschiedener Hersteller existiert nicht und die Aussagen des Unternehmers (vergleichbar mit dem Verkäufer) werden regelmäßig als Beschaffenheitsvereinbarung anzusehen sein.

Rechte des Werkbestellers

Gem. § 634 hat der Besteller folgende **gestufte Gewährleistungsrechte**:

- Er kann **Nacherfüllung** verlangen, **§ 634 Nr. 1**. In diesem Fall kann der **Unternehmer** (im Kaufrecht der Käufer) nach seiner Wahl den Mangel beseitigen oder ein neues Werk herstellen, **§ 635**.
- Nach **erfolglosem Ablauf** einer dem Unternehmer zur Nacherfüllung gesetzten angemessenen **Frist** kann er
  - nach **§ 634 Nr. 2** den Mangel **selbst beseitigen** und **Ersatz der erforderlichen Aufwendungen** verlangen oder
  - nach **§ 634 Nr. 3** vom Vertrag **zurücktreten** oder nach **§ 638** die Vergütung **mindern** und
  - nach **§ 634 Nr. 4**, wenn der Unternehmer sich nicht entlastet (§ 280 I 2), **Schadensersatz** oder **Ersatz der vergeblichen Aufwendungen** verlangen.

Rechte des Werkbestellers bei Mängeln des Werkes (2)

Prüfungsschema für den Nacherfüllungsanspruch, §§ 634 Nr. 1, 635

A. **Voraussetzungen**

I. Wirksamer **Werkvertrag**

II. Das Werk muss **bei Gefahrübergang** mit einem **Sach- oder Rechtsmangel, § 633**, behaftet sein.

⚠ Abweichend vom Kaufrecht, § 434 I 1, ist der für die Mangelfreiheit maßgebliche Zeitpunkt nicht im Gesetzestext festgelegt. Maßgeblicher Zeitpunkt ist jedoch auch im Werkvertragsrecht der **Gefahrübergang**, d.h. in der Regel die **Abnahme**, § 640.

B. **Kein Ausschluss oder Einschränkung** der Nacherfüllung (§§ 275 I–III, 635 III) oder der Gewährleistung (z.B. §§ 639, 640 III), 🗗 106

C. **Rechtsfolge**

Gem. § 635 kann der **Unternehmer** nach seiner **Wahl** den **Mangel beseitigen** oder ein **neues Werk herstellen**. Zudem hat er die erforderlichen Aufwendungen zu tragen, § 635 II. Bei Neuerstellung kann der Unternehmer das mangelhafte Werk gem. § 635 IV nach den Rücktrittsvorschriften (§§ 346 ff.) zurückverlangen.

D. Die **Verjährung** des Nacherfüllungsanspruchs richtet sich nach **§ 634a,** 🗗 107.

Rechte des Werkbestellers bei Mängeln des Werkes (3)

Prüfungsschema für den Rücktritt des Bestellers, §§ 634 Nr. 3, 636

A. **Voraussetzungen** des Rücktrittsrechts
   I. Wirksamer **Werkvertrag**
   II. Werk muss **bei Gefahrübergang** mit einem **Sach- oder Rechtsmangel, § 633**, behaftet sein.
   III. **Erfolgloser Ablauf** einer dem Unternehmer gesetzten angemessenen **Frist** zur Nacherfüllung (§ 323 I) oder Entbehrlichkeit der Frist, §§ 636, 635 III, 323 II, 326 V. Auch hier kann als **Indiz** für den **Fehlschlag** nach § 636 die Regelung des § 440 S. 2 genommen werden.

B. **Kein Ausschluss** des Rücktrittsrechts
   Zum einen kann das **Rücktrittsrecht** nach § 323 V 2 (unerheblicher Mangel) oder § 323 VI (zumindest weit überwiegende Verantwortlichkeit oder Annahmeverzug des Gläubigers), zum anderen die **Gewährleistung** insgesamt (z.B. nach § 640 III, 🗗 106) ausgeschlossen sein.

C. **Erklärung** des Rücktritts, **§ 349**, 🗗 25

D. **Rechtsfolgen** des Rücktritts, **§§ 346, 347**, 🗗 28 f.

E. **Unwirksamkeit** des Rücktritts gem. **§§ 634a IV, 218**

Minderung durch den Besteller

- Liegen die **Voraussetzungen des Rücktritts** vor, so kann der Besteller wahlweise auch **mindern, § 638**. Ein Unterschied zum Rücktritt besteht darin, dass die Minderung **bei einem unerheblichen Mangel nicht ausgeschlossen** ist, § 638 I 2. Die Minderung ist ein einseitiges Gestaltungsrecht und wird durch Erklärung ausgeübt, § 638 I 1.
- **Berechnung** der Minderung ergibt sich aus **§ 638 III**.
- Hat der Besteller mehr als die geminderte Vergütung gezahlt, so ist ihm der **Mehrbetrag** nach den Rücktrittsvorschriften **zu erstatten, § 638 IV**.

Rechte des Werkbestellers bei Mängeln des Werkes (4)

Überblick über die Schadensersatzansprüche des Bestellers wegen Verletzung der Pflicht zur mangelfreien Leistung, § 633 I

Schadensersatz **statt** der Leistung			Schadensersatz **neben** der Leistung	
Anfängliche Unmöglichkeit der Nacherfüllung, §§ 634 Nr. 4, **311a II**	**Nachträgliche Unmöglichkeit** der Nacherfüllung, §§ 634 Nr. 4, 280 I, III, **283**	**Nichtleistung** der Nacherfüllung **nach Fristsetzung**, §§ 634 Nr. 4, 280 I, III, **281**	**Verzug** mit der Nacherfüllung, §§ 634 Nr. 4, 280 I, II, **286**	**Sonstige Schäden**, die durch das mangelhafte Werk entstanden sind, §§ 634 Nr. 4, **280 I**

- Die Schadensersatzansprüche des **Bestellers gleichen** im Aufbau denen des **Käufers** (33 ff.).
- Ist das Werk mangelfrei, werden aber **Nebenpflichten** aus **§ 241 II** verletzt, so kann sich ein Schadensersatzanspruch statt der Leistung aus §§ 280 I u. III, **282** ergeben.

Ausschluss der Gewährleistung

Ausschluss durch Vertrag

- Erfolgt der Gewährleistungsausschluss durch **Individualvereinbarung**, so kann der Unternehmer sich nicht darauf berufen, wenn er den **Mangel arglistig verschwiegen** hat oder eine **Garantie** für die **Beschaffenheit des Werkes** übernommen hat, **§ 639** (= § 444 im Kaufrecht).
- Bei einem Haftungsausschluss oder einer Haftungsbeschränkung durch **AGB** ist eine **Inhaltskontrolle gem. §§ 309–307** vorzunehmen. Wie im Kaufrecht sind insbes. § 309 Nr. 7a) undb), § 309 Nr. 8b) und § 307 relevant (🗗 46 f.).

Ausschluss kraft Gesetzes

- Nach **§ 640 III** stehen dem Besteller die in § 634 Nr. 1–3 bezeichneten Rechte nicht zu, wenn er den **Mangel bei Abnahme kennt** und er sich seine Rechte wegen des Mangels bei der Abnahme nicht vorbehalten hat.
- **Nicht erwähnt** sind in **§ 640 III** die Rechte des Bestellers aus § 634 Nr. 4, also die Rechte, **Schadensersatz oder Aufwendungsersatz** zu verlangen. Daraus ergibt sich, dass der Besteller weiterhin Schadensersatz und Aufwendungsersatz verlangen kann, selbst wenn er den Mangel bei Abnahme kennt und sich die Rechte nicht vorbehalten hat.

Verjährung der Mängelansprüche, § 634 a

Die Verjährung der werkvertraglichen Gewährleistungsansprüche richtet sich nach § 634a. In § 634a IV, V wird für die **Gestaltungsrechte** auf **§ 218** verwiesen. Danach sind Rücktritt und Minderung unwirksam, wenn der Anspruch auf Nacherfüllung verjährt ist. Die Verjährung gibt dem Schuldner das Recht, die Leistung **zu verweigern**, § 214.

Gesetzliche Regelung der Verjährung von Gewährleistungsrechten

- Soweit **keine Sonderregeln** eingreifen, verjähren Mängelgewährleistungsansprüche des Bestellers gem. § 634a I Nr. 3 in der regelmäßigen Verjährungsfrist, also in **drei Jahren**, § 195.

  Der Ablauf der Verjährungsfrist kann sich durch **Neubeginn**, § 212, oder **Hemmung**, § 209, ändern, vgl. 51 f.
- **Sonderregelungen enthalten § 634a I Nr. 1 und Nr. 2.**
  - Gem. **§ 634a I Nr. 1** verjähren Ansprüche bei einem Werk, dessen **Erfolg** in der **Herstellung, Wartung** oder **Veränderung einer Sache** oder in Planungs- oder Überwachungsleistungen hierfür liegt, in **zwei Jahren**.
  - Nach **§ 634a I Nr. 2** gilt die **fünfjährige Verjährungsfrist** für Mängelansprüche bei einem Bauwerk und einem Werk, dessen Erfolg in diesbzgl. Planungs- und Überwachungsarbeiten besteht (vgl. auch § 438 I Nr. 2a) im Kaufrecht).
- Eine **Sonderregelung** gilt für den Fall, dass der Unternehmer den Mangel **arglistig** verschwiegen hat, **§ 634a III** (= § 438 III im Kaufrecht).

Rechtsgeschäftliche Abänderung der gesetzlichen Verjährungsfristen

- Parteien können die Verjährungsfrist auf bis zu 30 Jahre **verlängern**, § 202 II.
- **Verkürzung** der Verjährungsfrist:
  - Durch Individualvereinbarung kann die Frist grds. verkürzt werden. Die Verjährung kann bei Haftung wegen Vorsatzes nicht im Voraus erleichtert werden, § 202 I.
  - Erfolgt die Verkürzung in den **AGB**, so ist § 309 Nr. 8b) ff) zu beachten.

Verhältnis des Gewährleistungsrechts zu den übrigen Vorschriften

- **Verhältnis zu den Anfechtungsregeln**
  Liegen die Gewährleistungsvorschriften tatbestandsmäßig vor, so ist die Anfechtung nach **§ 119 II ausgeschlossen**. Eine Anfechtung nach **§ 119 I** und **§ 123 I** ist **neben den Gewährleistungsregeln** möglich (wie im Kaufrecht, 🗗 57 ff.). Wird der Vertrag angefochten, so stehen dem Besteller keine Gewährleistungsrechte mehr zu, da diese einen wirksamen Werkvertrag voraussetzen.
- **Verhältnis zu den allgemeinen Regeln der Leistungsstörung:**
  - Soweit ein **Mangel** vorliegt, sind die **allgemeinen Regeln der Leistungsstörung** neben den Gewährleistungsregeln des Werkvertrags **nicht anwendbar**.
    Zwar verweist § 634 auf die allgemeinen Regeln, sodass die Voraussetzungen der Haftung identisch sind. Ein Unterschied zwischen den allgemeinen Regeln und den Gewährleistungsansprüchen des Bestellers besteht jedoch in der **Verjährung, § 634a.**
  - Ein Anspruch nach den **allgemeinen Leistungsstörungsregeln** kann gegeben sein, wenn eine Pflichtverletzung vorliegt, die **nicht in der Herstellung des mangelhaften Werks** liegt.
- **Verhältnis zu §§ 823 ff.**
  Es besteht wie im Kaufrecht auch hier **echte Anspruchskonkurrenz** mit der Folge, dass Ansprüche aus Werkvertragsrecht und Deliktsrecht nebeneinander bestehen, und dass jeder Anspruch nach seinen Voraussetzungen, seinem Inhalt und seiner Durchsetzung selbstständig zu beurteilen ist.

⚠ Ist das Werk mangelhaft und steht fest, dass sich der Mangel an dem Werk „**fortfrisst**", ist nach h.M. maßgebend, ob der geltend gemachte Schaden **stoffgleich** mit dem der Sache von Anfang an anhaftenden Mangelunwert ist.

Bauvertrag

Für Bauverträge gelten allgemein die §§ 631–650 sowie die **§§ 650a–h**.

➲ Ein Bauvertrag i.S.d. **§ 650a I** ist ein Vertrag über die Herstellung, die Wiederherstellung, die Beseitigung oder den Umbau eines Bauwerkes (einer Außenanlage oder eines Teiles davon). Für Instandhaltungsverträge ist § 650 II zu beachten.

Bei **Verweigerung der Abnahme** ist der Besteller zur Mitwirkung an der Zustandsfeststellung verpflichtet (**§ 650g I**). Kommt der Besteller einem entsprechenden Verlangen des Unternehmers nicht nach, kann dieser die Zustandsfeststellung einseitig vornehmen (§ 650g II). § 650g IV regelt für diesen Fall die Vergütungspflicht.

Nach **§ 650g IV 1** ist die **Vergütung** des Unternehmers erst **fällig**, wenn

- der Besteller das Werk abgenommen hat oder die Abnahme entbehrlich war
- und der Unternehmer dem Besteller eine prüffähige Schlussrechnung erteilt hat.

Sicherheiten (Hypotheken) hinsichtlich des Vergütungsanspruches für Bauunternehmer bzw. Bauhandwerker entfallen, **§ 650e** und **§ 650 f**.

Kündigung des Bauvertrages (vgl. §§ 643, 648, 648a, 649 I) bearf gem. **§ 650h** der **Schriftform**.

Verbraucherbauvertrag

Liegt ein **Verbraucherbauvertrag** i.S.v. **§ 650i I**, d.h. ein Bauvertrag zwischen einem Verbraucher (§ 13) und einem Unternehmer (§ 14) vor, gelten zusätzlich zu den §§ 631–650 die in den **§§ 650i–n** enthaltenen Vorschriften.

Verbraucherbauvertrag bedarf gem. **§ 650i II** der **Textform** (§ 126b). Nichteinhaltung führt zur Nichtigkeit nach § 125.

Nach **§ 650l** steht dem Verbraucher ein **Widerrufsrecht** i.S.d. § 355 zu, über dessen Existenz der Unternehmer den Verbraucher zu belehren hat.

Verbraucherbauvertag muss gem. **§ 650k III** verbindliche **Angaben zum Zeitpunkt der Fertigstellung** enthalten.

Vorvertragliche Abreden werden Inhalt des Vertrages, vgl. **§ 650k I, III 1**.

Abschlagszahlungen und **Unternehmersicherungen** sind in **§ 650m** normiert.

Von den in **§ 650o S. 1** genannten Vorschriften kann nicht zum Nachteil des Verbrauchers abgewichen werden. Ferner sind gem. **§ 650o S. 2** Vereinbarungen, die die in § 650o S. 1 genannten Vorschriften aushöhlen sollen, unzulässig.

Werklieferungsvertrag, § 650 I

Gem. § 650 I finden auf einen Vertrag, der die Lieferung herzustellender oder zu erzeugender **beweglicher Sachen** zum Gegenstand hat, die Vorschriften über den Kauf Anwendung (Werklieferungsvertrag).

Handelt es sich dabei um eine **nicht vertretbare Sache**, so gelten **ergänzend** die Vorschriften des Werkvertragsrechts, **§§ 642, 643, 645, 649**. Obwohl das Gewährleistungsrecht des Kaufrechts und des Werkvertragsrechts weitestgehend dadurch übereinstimmen, dass auf die allgemeinen Regeln verwiesen wird, bestehen folgende Unterschiede:

- Beim Kaufvertrag gelten die Regeln über den **Verbrauchsgüterkauf**, §§ 474 f.
- Im Kaufrecht hat bei der Nacherfüllung der Käufer das **Wahlrecht**, § 439 I, während beim Werkvertrag der Unternehmer wählen kann, §§ 634 Nr. 1, 635.
- Beim Werkvertrag hat der Besteller ein **Selbstvornahmerecht**, § 637 I.
- Die **Verjährung** der Mängelansprüche beim Werkvertrag ist in § 634a geregelt und beträgt, wenn keine Ausnahme eingreift, drei Jahre. Im Kaufrecht richtet sich die Verjährung nach § 438 und beträgt, wenn keine Ausnahme eingreift, zwei Jahre.
- Die Gewährleistungsrechte gelten beim Kaufvertrag **ab Übergabe** und im Werkvertragsrecht **ab Abnahme**.
- Im Werkvertragsrecht besteht eine **Vorleistungspflicht** des Unternehmers, denn der Werklohn wird erst mit Abnahme fällig, § 641 I.

Notizen

Notizen

Notizen